日本人が意外と知らない！

鉄道がつなぐ昭和100年史

小川裕夫
Hiroo Ogawa

ビジネス社

はじめに

なぜ鉄道なのか

明治5（1872）年、新橋―横浜間で鉄道が開業しました。以降、鉄道は全国へと広がっていきます。

日本における鉄道の歴史はここから始まりますが、これは鉄道開業の話です。鉄道が走り始めるには、まず鉄道を建設するための計画や資金調達といった準備が必要です。

そうした準備は、どの時点で始まったのでしょうか？　実は幕末期から国内に鉄道を建設しようという動きがありました。つまり、徳川幕府が鉄道の計画を練っていたのです。

しかし、徳川幕府の時代に鉄道建設は進まずに明治新政府が発足し、明治3（1870）年に鉄道を所管する民部省鉄道掛が設置されるのです。以降、担当部局の名称は頻繁に変わりましたが、政府内において鉄道は重要な役割を果たすとの認識は一貫していました。

政府が鉄道を重要視していた理由は、鉄道が国家を繁栄させるインフラだったからです。普段、何気なく利用している人にとって鉄道は単なる移動手段でしかありません。もちろん、鉄道を移動手段と捉えることは間違っていません。

しかし、鉄道には移動のほかに物資を輸送するという役割もあります。また、鉄道が開業することで産業が生まれ、その産業によって地域が活性化することもあります。

さらに、駅が開設されれば、多くの人が駅を使うようになります。多くの人が駅を利用することで駅周辺に店などがオープンしてにぎわいが生まれます。これも鉄道が内包する経済効果といえるでしょう。

鉄道がなければ生活が成り立たないと直感的に考えるのは東京や大阪といった日常的に鉄道を使う都市圏在住者のみかもしれません。しかし、鉄道は単に人が移動する手段というだけではなく、物資輸送に関連した商品流通、駅前開発や地域活性化まで考慮すると、私たちの生活に大なり小なり影響を及ぼしています。

令和4（２０２２）年には鉄道開業１５０年という記念すべき節目を迎えましたが、今の日本は急速に人口減少と少子高齢化が進み、それに伴って鉄道利用者も減少トレンドに突入しています。

これまでにも過疎化・マイカーの普及といった要因から鉄道の不要論はたびたび浮上してきました。鉄道の赤字を解消するべく、地域によっては廃線になった路線もあります。これから迎える人口減少時代は、鉄道にとって脅威と目されています。今後も人口が回復する見込みはなく、鉄道開業200年となる2072年を無事に迎えられるかどうかは危うい状況です。

「昭和」における鉄道とは

本書は令和7（2025）年に「昭和100年」を迎えるにあたり、改めて昭和史を振り返りながら鉄道とは何だったのか？　を問い直す内容です。

大正天皇が崩御したのは大正15（1926）年12月25日でした。そのため、昭和元年は1週間しかなく、すぐに昭和2年を迎えます。

大正14（1925）年11月には神田駅―上野駅間の高架線が完成して、山手線の環状運転が始まりました。

大正15年4月には東京駅と上野駅で入場券自動券売機が設置されています。現代において入場券自動券売機という言葉は馴染みがありませんが、要するにコインを投入することで改札を通過できる機械です。

そして昭和2（1927）年には小田原急行鉄道（現・小田急電鉄）が新宿駅―小田原駅間を一気に開業させたほか、西武鉄道が高田馬場駅―東村山駅間の村山（現・西武新宿）線を開業させるなど、鉄道網が拡大を始めていた時期でもあります。

鉄道網が拡大するにつれ、鉄道は一般人にも広く利用されることになり、それは通勤・通学の手段としても利用されるようになります。大正期を生きる人たちにとって、生活圏は徒歩でアクセスできる範囲でした。それが鉄道によって生活圏が大きく広がり、生活スタイルにも変化が生じます。当然ながら、社会全体が変わっていくことになりました。

本書は鉄道の本ではなく、昭和史の本でもありません。昭和という時代を鉄道から読み解く本です。

第1章では、鉄道貨物によって工業化を果たしていった日本の姿を描写します。鉄道貨物の役割は近年になって再評価される兆しが出ていますが、昭和末期から平成までの鉄道は旅客営業が中心となり、貨物は脇役へと追いやられました。その背景には、戦後復興・高度経済成長によって私たちの生活が〝豊か〟になったことが大きく起因しています。

戦後間もない時期は農産品・工業製品といった物資が不足しました。そのため、そもそも遠くまで運ぶ需要もありませんでした。戦災復興・高度経済成長で物への需要が高まると、大量輸送・長距離輸送に適した鉄道貨物が物流の主役に返り咲いたのです。

しかし、鉄道貨物が主役だった時代は長く続きません。経済的に豊かになった日本ではマイカーが溢れ、それに伴う道路の整備が進められたからです。昭和期の鉄道貨物は、そんな激動の時代を経験しています。

第2章では、昭和一桁代から高まる戦争の機運に対して起こった鉄道面での変化を見ていきます。鉄道は、戦争にどう対応したのでしょうか？　戦火が激しくなるにつれて国民生活は変化し、生活の中に組み込まれていた鉄道も戦争の影響を受けました。

終戦後も、荒廃した駅舎や破壊された列車、外地から引き上げてくる兵員、連合軍による鉄道支配、燃料不足で混乱する現場など、さまざまな事態に直面しています。そんな戦争に影響を受けた鉄道の姿を活写しました。

第3章では、昭和39（1964）年に開業した東海道新幹線を考察します。敗戦後の日本は世界が驚くほどの経済成長を遂げて、短期間のうちに国際舞台での存在感を取り戻しました。その象徴とも言えるのが東海道新幹線です。東海道新幹線の開業は、その高度経済成長のトピックスとして語られることが多いのですが、その計画・開業前後に起きた社会的な変化を見ていきます。

第4章は、高度経済成長で起きた在来線の変化を追います。鉄道にとって、マイカーが完全に普及する前の約20年間は黄金時代ともいえる時期にあたります。そんな黄金時代、私たちは、どのように鉄道を利用していたのでしょうか？　はたまた鉄道事業者は列車に乗ってもらうためにどんな工夫を凝らしていたのでしょうか？　社会は鉄道をどう見ていたのでしょうか？　そこからは、当時の世相・ビジネス観を窺い知ることができます。

第５章は、バブル景気からその崩壊、そして国鉄が巨額の累積赤字に苦しみ、経営体質を好転させるために分割民営化した時代の国鉄とＪＲの時代を取り上げます。昭和62年４月に国鉄はＪＲへと分割民営化しました。

慢性的な赤字体質だった国鉄はＪＲへの改組によって優良企業へと生まれ変わっていきます。ＪＲが誕生した時期は、間もなく迎える平成への助走だったのです。

国鉄が分割民営化してから35年の月日が経過し、旧国鉄はどう変わったのでしょうか？　はたまた変わらなかったのでしょうか？　新しく発足したＪＲと国鉄が違うのは採算性だけなのでしょうか？　公共交通の役割とは何なのでしょうか？　その役割は、もう必要無くなったのでしょうか？　を探ります。

なぜ、鉄道を切り口に昭和史を語るのか？　それは、私たちは鉄道に無関心で生きることはできても無関係で生きることはできないからです。

現在に起きている現象や事態は、過去の積み重ねの結果です。歴史的な事件・事故・事象はいきなり起きるわけではありません。本書は昭和をクローズアップしていますが、その助走段階にあたる明治・大正時代も、ときに江戸時代以前についても言及しています。

本書を読むことで、鉄道の奥深さを実感してもらえれば幸いです。

小川裕夫

2024年11月

鉄道がつなぐ昭和１００年史　目次

はじめに
なぜ鉄道なのか 002／「昭和」における鉄道とは 004

第1章 明治期にはタピオカも運んでいた!? 鉄道貨物の150年

1 高度経済成長を物流面で支えた鉄道貨物 016
日本の鉄道の父・高島嘉右衛門 016／東北開拓と武士の失業対策 018／浅野総一郎による鉄道整備 020／
西へ東へ走るたから号 023／臨海鉄道の登場 024／貨物列車の衰退 027

2 昭和の台所を支えた行商列車と鮮魚列車 029
鉄道輸送を想定した築地市場 029／タピオカやレモネードも運ぶ？ 033／鉄道で東京をめざす行商人 036／
行商人vs当局の攻防戦 037／行商専用列車と鮮魚列車 040

3 東京の都市化の陰に「石」の貨物列車あり 043
東京を甦らせた玉電 043／東武鉄道と東京スカイツリー 045／大谷石を東京へ 047／
東武渾身の住宅地・常盤台 050／戦争と大谷線 054／鉄道が変えた石材産業 058

4 戦時下に生まれた日本通運と鉄道貨物の再構築 061
小運送ネットワークの拡大 061／日本通運の誕生と宅配便の普及 064／高速化・コンテナ輸送で鉄道輸送強化 066／

環境に優しい鉄道貨物　069

第2章　戦争は鉄道をどう動かしたのか？

1　軍にコントロールされる鉄道　074
平成まで続いた通行税　074／鉄道事業者の統合　076／金属供出の憂き目にあった御殿場線と関西本線　081

2　戦時設計と桜木町事故の悲劇　083
買収国電と戦時設計　083／戦時設計が招いた悲劇・桜木町事故　085

3　ＧＨＱに支配された鉄道　091
全国に広がるＲＴＯ　091／東武東上線を走る連合国軍専用列車　094／ＧＨＱ支配の終焉　097

4　疎開列車と復員・引揚列車　100
戦災孤児が上野に集まった理由　100／復員・引揚列車で故郷へ　103

5　ＧＨＱの接収で誕生した幻の羽田空港への路線と発展した相鉄沿線　105
羽田空港の開港　105／京急と羽田空港　107／横浜の住宅問題を解決した相鉄　110

第3章　世界を変えた新幹線

1　新幹線前史　広軌鉄道・弾丸列車構想の紆余曲折　116

満鉄設立　116／1067ミリメートルか、1435ミリメートルか　119／弾丸列車計画の頓挫　123

2　小田急SEを誕生させた技術者たち　125

高速化への試行錯誤　125／小田急ロマンスカーのデビュー　129／夢の超特急　132／ふたつの問題　135

3　東京五輪と新幹線　138

新幹線をめぐる賛成と反対　138／親子2代の研究の集大成　143／耳ツン・雪害・トイレ　147

4　新幹線に魅了された国家元首たち　151

昭和天皇も大喜び　151／エリザベス女王来日とストライキ　153／スト権ストと順法闘争　155／ようやくかなった女王の新幹線乗車　158／「時計より正確」の面目躍如　161

5　高度経済成長後の新幹線　164

長岡鉄道社長・田中角栄　164／新幹線を全国に　167／大阪万博とヨン・サン・トウ　169／大宮と東京をつなげ　172／成田新幹線の跡地利用　176

第4章 黄金時代の鉄道とマイカー普及による交通の世代交代

1 下山事件と国鉄スワローズ 180
戦後最大のミステリー・下山事件 180／事件は続く――三鷹事件と松川事件 184／国鉄スワローズ誕生秘話 186／
電車に乗って球場へ 190

2 ディズニーの日本誘致と鉄道 194
テーマパークの嚆矢・東京ディズニーランド開園 194／幻の手賀沼ディズニーランド 196／手賀沼から浦安へ 200／
「舞浜」の由来は何か？ 203／ディズニーランドをめざした京成 208／ホームを伸ばして混雑緩和 210

3 旅行者の創出 国鉄が始めた誘客キャンペーン 212
喜賓会からＪＴＢへ 212／あの手この手で旅行客を創出 214／戦中・戦後の旅行業界と鉄道 218／
国鉄初のプロモーション「ディスカバー・ジャパン」 222／人気歌手とのコラボレーション 226

4 鉄道会社が挑んだ住宅地開発とニュータウン 228
住宅問題との戦い 228／「金の卵」とニュータウン 232／万博のおかげで開通した北大阪急行 234／
鉄道なきまちびらき 236／Ｐ線方式で京王・小田急を誘致 239／「鉄道＋住宅地＝売上増」のビジネスモデル 243

5 石炭から石油、そして電気へ 国鉄が進めた動力近代化計画の行く末 247
ガス灯から電灯へ 247／石炭需要の拡大 248／脱石炭で経費削減 250／幻の原子力機関車 253／無煙化の長い道のり 254

第5章　平成への助走　国鉄の終焉と新生JRの誕生

1　民間企業になったJR　国鉄体質脱却の初手はサービスの改善？　260
国鉄、存亡の危機　260／経営のスリム化への努力　262／JR誕生　264

2　経営効率化の観点から進められた機械化・省力化　267
券売機ときっぷの進化は日進月歩　267／改札機が導くキャッシュレス化　271

3　都市の拡大から都心回帰まで　タワマンと鉄道の関係　273
京葉線通勤快速廃止の衝撃　273／快速が後押しする通勤圏の拡大　275／
タワマンが招く鉄道利用者急増の弊害　279

参考文献一覧　284

第1章

明治期には
タピオカも運んでいた!?
鉄道貨物の150年

1　高度経済成長を物流面で支えた鉄道貨物

日本の鉄道の父・高島嘉右衛門

日本の鉄道は明治5（1872）年に新橋（後の汐留）駅―横浜（現・桜木町）駅間で開業しましたが、これは旅客運転に限定されていました。

同区間で貨物列車の運行が開始されたのは、翌年からです。それまで物流の主役は船と馬でしたが、鉄道はその概念を大きく塗り替えていきます。

鉄道貨物は馬車や人力と比べて迅速で大量輸送が可能です。その力に着目したのが、横浜の商人だった高島嘉右衛門《たかしまかえもん》でした。高島は高島易断の創始者としても有名な人物ですが、鉄道とも浅からぬ縁がありました。

そもそも明治新政府が発足して間もない頃から鉄道建設にとりかかったのは高島の助言によるところが大きいとされています。高島は鉄道建設が国家を繁栄させると伊藤博文や大隈重信に説き、明治新政府が新橋駅―横浜駅間の鉄道建設を決めると自ら志願して一部の区間の工事を担当しました。その功績から、横浜市西区には高島にちなみ「高島」という地名があります。そして、その地名に基づいた駅も開設されました。

高島は、「鉄道を建設すれば日本が３分の１に縮まる」と主張していました。これは人や馬で移動する所要時間と鉄道で移動する所要時間とを比較して、鉄道は３倍のスピードで移動できるという意味です。実際の鉄道は徒歩移動の３倍以上ものスピードで走っていますから、高島が控えめに言っていたことがわかります。

鉄道開業前の江戸と横浜は、片道の移動だけで１日を要しました。それが鉄道開業後は１日で往復できるようになったのです。

これは横浜で宿泊業を営んでいた者にとって脅威でした。鎖国を解いて開港場となった横浜には、多くの商人が足を運ぶようになりました。ゆえに横浜の宿屋は大繁盛するわけですが、鉄道にその需要を奪われる横浜商人にとってはたまったものではありません。

実は高島も維新後にビジネスを多角化しており、横浜でホテル業も営んでいました。高島にとって、鉄道は自分の商売を危機に追い込むモンスターでもあったのです。

それでも高島は鉄道建設を推進。新橋駅—横浜駅が無事に開業すると、今度は東京—青森間の鉄道建設を政府に繰り返し提言しています。政府は東京—横浜間の鉄道建設で財政が底をついていたため、東京—青森間の鉄道建設ができませんでした。

政府に代わって東京—青森間の鉄道は、華族が中心となって建設されていきます。まず、華族が資金を出し合って日本鉄道（現・東北本線と高崎線など）を設立。日本鉄道が東京

―青森間を建設していくのです。

ちなみに、高島は後に、石炭輸送を目的に明治22（1889）年に設立された北海道炭礦鉄道の発起人を務めました。

東北開拓と武士の失業対策

高島が青森―東京間に鉄道を建設するように提言したのは、東北地方の開拓と食糧増産の2つの目的がありました。江戸時代から寒冷地だった北海道や東北は気候的にも農業に不向きでしたが、そもそも農地としての開墾が進んでいないという現状がありました。

他方、明治新政府の発足によって多くの武士が失業していました。軍隊の近代化を進めていた明治新政府は、彼らを兵力として雇用しませんでした。だからと言って、旧士族を無職のまま放置するわけにはいきません。

政府は東北開拓という名目で彼らを雇用。旧士族によって東北地方の開拓が進められていきます。これは一挙両得の政策でしたが、東北地方で食糧増産に努めても自家消費に回していたら意味がありません。高島は東北で収穫した農産物を巨大市場の東京で売ることで経済の循環をつくろうとし、それを実現するには東京へと農産物を大量輸送できる鉄道が必要だと考えていたのです。

富岡製糸場

後に貴族院副議長や東京府知事を務める蜂《はち》須《す》賀《か》茂韶《もちあき》も、高島と同じく東北開拓と失業武士の救済を深刻に受け止めていた一人です。蜂須賀は華族に出資を呼びかけて東京と青森を結ぶ日本鉄道の設立に奔走しました。

日本鉄道が上野駅—青森駅間を全通させるのは明治24（１８９１）年まで待たなければなりませんが、それ以前の明治17（１８８４）年に日本鉄道は上野駅—高崎駅間を開業させます。日本鉄道がひとまず上州方面へと線路を延ばしたのは、明治新政府が殖産興業の旗手として考えていた富岡製糸場があったからです。

明治新政府は「富国強兵」「殖産興業」の２大スローガンを掲げていましたが、富岡製糸場で生産される生糸は海外でも評判がよく、外貨を獲得できる最有力のメイドインジャパンでした。

高崎まで線路が延びたことで、富岡製糸場をはじめ上州や信州で生産されていた生糸は鉄道で高崎から横浜まで運ばれるようになりました。当然ながら所要時間は短縮し、大量輸送が可能になりました。つまり、鉄道は地方の工業化を促し、活発化させたのです。

そして、日本鉄道は高崎線・東北本線に続いて現在の常磐線にあたる区間も建設していきます。日本鉄道が同区間に着目したのは、常磐炭田や日立鉱山から産出する石炭や銅・硫化鉄鉱などを鉄道で運ぼうとしたからです。

浅野総一郎による鉄道整備

明治半ばまでの工業は企業によって組織化されたものは少なく、多くは家内手工業的な家族経営の町工場によって支えられていました。

東京近郊で多くの町工場が操業していましたが、そうした町工場は時代とともに大規模化していきます。大規模化した工場は、引き続き都心部に立地していました。東京では住宅と工場が混在するような都市空間が出現し、それは工場による大気汚染や水質汚濁といった公害が都市住民から問題視されるきっかけになります。そのため、工場の操業停止を求める声も住民間から噴出し、企業家たちは生産活動に本腰を入れられない状態に陥りました。

そうした閉塞した状況を打破するべく立ち上がったのが、浅野総一郎です。浅野は深川で工場を操業していましたが、住民の反発に遭っていました。

そこで工場を住宅地と離れた場所に移転させるとともに、工場の規模を拡大する計画を練ります。こうして浅野は明治期から埋立地の計画を立て始めました。財界の重鎮だった渋沢栄一《しぶさわえいいち》も計画に賛同を示し、浅野が工場地として着目した川崎・横浜の臨海部で埋立地の造成が始まります。

埋立地の計画を主導した浅野は、埋立地の工場群に供給される石炭を九州から船で運ぼうと考えていました。だから臨海部を選んだわけですが、船で物資輸送をすると割高になることが判明します。

そこで浅野は昭和元（１９２６）年に鶴見臨港鉄道を敷設。同鉄道によって、臨海部で操業する工場は円滑な貨物輸送が可能になりました。ここに常磐炭田などで採掘された石炭が供給されるようになります。

鉄道インフラが整備されていくと、行政も臨海部の開発に乗り出します。横浜市は昭和２（１９２７）年に子安・生麦地先埋立事業を着工。同年には、南武鉄道（現・ＪＲ南武線）も川崎駅—登戸駅間で開業し、昭和4（1929）年には立川駅まで延伸します。

南武鉄道が立川駅へと延伸する以前の明治27（1894）年には、青梅鉄道（現・青梅線）が青梅駅—立川駅間を開業させていました。青梅鉄道は奥多摩で生産されていたセメントを輸送する目的に設立された鉄道会社でしたが、その青梅鉄道には浅野が株主として加わっています。

また、同じく立川駅に接続していた五日市鉄道（現・五日市線）も浅野財閥の系列だった鉄道会社です。こうした経緯から立川駅に乗り入れた南武鉄道も浅野は系列に加えます。こうして奥多摩から川崎までの鉄道網を構築したのです。

浅野によって川崎・横浜臨海部の鉄道ネットワークが整えられていく一方で、埋立地も歳月の経過とともに拡大を続けていきます。そして、日本の重工業を担う大企業が次々と工場を移転させていきました。

川崎・横浜臨海部に進出した工場の特色は、軍需工場が多かったことです。そのため、昭和一桁代から川崎・横浜臨海部の工場は活況を呈します。

終戦間際の昭和19（1944）年になると全国的に燃料不足が深刻化しますが、臨海部の工場群が操業を停止することは許されませんでした。川崎・横浜臨海部の工場群は国家の命運を握るほど重要で、工員の通勤手段もいの一番に確保されていました。

燃料不足でバスなどの通勤手段が脆弱になると、昭和19年に臨海部へと通じる川崎市電が開業します。川崎市電は工場への通勤手段として重宝されました。しかし、川崎市電はアメリカ軍の空襲で破壊されてしまい、戦前期はまともに機能しませんでした。

戦後も川崎市電は川崎駅前から工場地帯へ通勤する労働者を運ぶ役割を果たしますが、高度経済成長期に道路の整備が進むとともにマイカーやトラックが普及したことによって存在意義を小さくしていきました。そして、昭和44（1969）年に廃止されます。

西へ東へ走るたから号

明治・大正、そして昭和戦前期は国内を走る自動車台数そのものが少ないので、自然と物資輸送は鉄道貨物が主役になりました。

戦後、トラックの普及や道路整備が進むことで鉄道貨物が役目を終えていきますが、戦災復興期から高度経済成長期までは物資輸送で貨物列車が大活躍しています。

そうした貨物列車の活躍を支えたのが、コンテナ列車の普及です。コンテナとは、貨物輸送のために規格化された箱のことで、フォークリフトを使えば列車からトラックへ、トラックから列車へと短時間でコンテナの積み下ろしができます。そうした利点から、鉄道貨物はコンテナが主流になり、現在もコンテナ車が貨物輸送の主力です。

コンテナは鉄道貨物を革命的に変えましたが、その歴史についても見ておきましょう。日本初のコンテナは、鉄道省が昭和6（1931）年に導入したものです。しかし、昭和14（1939）年に戦時輸送への対応が難しいとの判断でコンテナの使用は中止されました。コンテナが再び注目されるのは、昭和34（1959）年です。国鉄はたから号という貨物列車でコンテナの使用を再開します。たから号は汐留駅―梅田貨物駅間を最高時速85キロメートルで走り、一編成は25両、全長は460メートル、積載重量は1000トンにもおよぶ特急貨物列車でした。たから号は国鉄が満を持して登場させただけあって、貨物列車を復権させるという強い期待を抱かせるものでした。

実際、登場時は1日1往復の運行のたから号は、昭和36（1961）年から2往復の運行になりました。さらに、昭和39（1964）年に東海道新幹線が開業すると、東海道本線のダイヤに余裕が生まれ、たから号は1日5往復に増便しています。

高度経済成長期、日本は急激に工業化し、それが経済大国に押し上げました。鉄道、特に鉄道貨物は日本の経済復興を物流面で下支えしていたのです。

臨海鉄道の登場

こうして日本が経済復興を遂げていくと、弊害も生じてきます。それが大都市に人口が集中するという過密化です。昭和47（１９７２）年に首相に就任した田中角栄は「均衡ある国土の発展」を掲げ、大都市に集中する富を地方へ分散することを目指しました。その時点で、すでに地方から大都市へと産業が移り、そして人も流動していたのです。田中は、その地方から大都市への流れを是正することをめざします。

政府は、それ以前から大都市への一極集中を抑制・緩和する政策を打ち出しています。例えば、昭和34（１９５９）年に制定された首都圏の既成市街地における工業等の制限に関する法律と昭和39（１９６４）年に制定された近畿圏の既成都市区域における工場等の制限に関するという２つの法律です。

２つの法律は対象範囲が首都圏と近畿圏で異なるので名称は違っていますが、内容は同じです。そのため、２つを総称して工場等制限法と呼ばれます。工場等制限法は名称に工場とついていますが、大学も対象にされていました。

工場等制限法の対象エリアでは、原則として１０００平方メートル以上の工場の新設・増設が禁じられていました。これは地方都市に工場移転を促す目的が含まれていました。

しかし、新設・増設を禁じるだけでは、積極的に工場を地方へ移そうと考える企業は少なく、政府は昭和37（１９６２）年に新産業都市建設促進法を施行し、昭和39年には工業整備特別地域を指定します。

これら大都市圏から地方へ富の分散を誘導した政策によって、地方都市でも臨海部に工場が集積するエリアが形成されていきました。それら工場群に原料の搬入や自社製品の出荷といった物資輸送のサポートをしたのが臨海鉄道です。

大規模工場は物資輸送が大量かつ頻繁だったこともあり、自社専用線を敷設して鉄道貨物をフル活用していました。そうした専用線を所有できるのは一部の大企業もしくは大工場に限られていました。

しかし、中小企業や規模の大きくない工場が発展を遂げなければ、日本は工業国として発展が望めません。そうした観点に基づき、国鉄と地元自治体、民間企業が出資した臨海鉄道が昭和39年から続々と誕生していきます。

そのトップバッターを務めたのが、千葉県の京葉臨海鉄道です。京葉臨海鉄道は京葉線の蘇我駅を起点に内房に立地する工場群に燃料を届ける役割を課せられました。

京葉臨海鉄道を皮切りに、中小企業や専用線を持つほどの規模ではない工場にも臨海鉄道によって鉄道貨物による輸送ができる体制が整えられていきます。

臨海鉄道は国鉄が出資している鉄道でしたが、あくまでも第3セクターという建て付けになっていました。国鉄は貨物専用線も有しているので、わざわざ貨物専用の第3セクターを設立する必要はありませんが、国鉄が新たに貨物線用線を建設するには手続きが煩雑で、迅速な対応が難しいという事情があったことにより臨海鉄道というスキームが生まれました。これら多くの臨海鉄道が物資輸送の面で日本の製造業を支え、そして高度経済成長期からバブル期までの経済を縁の下で支えました。

臨海鉄道は臨海部に集積する工場群を輸送面でサポートする目的で建設・開業しましたが、茨城県の鹿島臨海鉄道や岡山県の水島臨海鉄道は旅客列車も走らせています。これら臨海鉄道の旅客列車は工場に勤務する従業員の足という意味も含まれています。

また、その重要性を考慮されて私鉄から第3セクターへと転換した北海道の釧路開発埠頭という臨海鉄道もありました。釧路開発埠頭の第3セクター化は自治体からの出資を仰ぐことで経営の安定化を目指したのです。

貨物列車の衰退

各地に設立された臨海鉄道によって、地方都市の工業化は進展しました。他方で、国鉄は時代に逆行するかのように「車扱い」と呼ばれる貨物列車にこだわりを見せました。

車扱いは石油・化学薬品・セメント・石炭など貨物に合わせた専用貨車で輸送する方式です。貨車を1車単位で貸し切る車扱いは、専用貨車列車とも呼ばれます。専用なのでコンテナと比べて汎用性が低く、輸送効率はよくありません。

国鉄が頑なに車扱いにこだわった理由は、長年にわたってヤード方式を研究し、最新のヤードを整備していたからです。

ヤードシステムは集結型輸送とも訳されるように、各地に開設された操車場にいったん貨車を集約して、そこから目的の工場などへ輸送するシステムです。現在の鉄道貨物は、工場から工場へとダイレクトに向かう直行型輸送が主流になっています。

国鉄がヤード方式にこだわったのは、車扱いに比重を置いていたからだともいわれています。神奈川県の新鶴見操車場、愛知県の稲沢操車場、大阪府の吹田《すいた》操車場は国鉄の三大操車場とも言われ、広大な敷地では絶えず貨車の入れ替え作業がおこなわれていました。

昭和48（1973）年、一部区間が開業した武蔵野線に日本最大とも言われる武蔵野操車場が新たに開設されます。武蔵野操車場は最新鋭のヤードシステムを採用していました。

しかし、すでにヤードシステムは時代遅れになっていました。鉄道貨物の衰退もあり、武蔵野操車場は昭和61（1986）年に廃止されています。

ここから日本の貨物列車は、加速度的に衰退していきます。しかし、2000年代に入ってからCO_2の排出が少ないなどの環境面が注目されたほか、最近はトラックドライバー不足が深刻化していることも追い風となって再評価の兆しが出ています。

2 昭和の台所を支えた行商列車と鮮魚列車

鉄道輸送を想定した築地市場

平成30（2018）年に営業を終了した築地《つきじ》市場は、もともと日本橋にあった日本橋魚河岸と京橋にあった京橋青物市場をルーツとしています。日本橋魚河岸と京橋青物市場は、大正12（1923）年の関東大震災で建屋が損壊したことから築地へと移転しました。

江戸時代の物流は舟運が主力です。地方から物資が集まる江戸は、市中を河川が縦横無尽に走り、その町割は基本的に明治期にも受け継がれていました。

明治期には市区改正といった都市大改造が断行され、東京という都市は大きく変化していきます。それでも、江戸から東京は連続性を保った都市のままでした。

そうした連続性を断ち切ったのが、関東大震災です。関東大震災は日本の地震史に記録される大地震で、浅草の凌雲閣《りょううんかく》が倒壊したことなど、その被害の大きさが語り継がれています。凌雲閣は高さが約52メートルの高層建築で、12階建てだったことから「浅草十二階」と呼び親しまれていました。

浅草十二階が倒壊するほどの大地震でしたが、それ以上に被害を大きくしたのは火災です。地震発生の時間帯が昼食時だったこともあり、多くの家庭では炊事中だったのです。そのために倒壊した家屋に炊事の火が燃え移り、家屋が燃えた火が連鎖的に隣の家屋へと飛び火するといった具合に火の手は拡大していきました。

特に、江戸の町割りを残していた日本橋・銀座・神田・上野といった、いわゆる下町は地震後に起きた火事によって壊滅します。

関東大震災による被害は、東京市だけで30万8000世帯を超えました。当時の東京市は現在の渋谷区や新宿区、豊島区や目黒区は含まれていません。それでも東京市の人口は約230万9000人と多く、それだけ都心部に家屋が密集していたのです。

そんな過密都市・東京だったこともあり、約133万4000人が罹災、死者は5万8000人超という大災害になりました。

日本橋魚河岸は地震によって損壊し、その後の火事で焼失。しかし、すぐにバラックで仮営業を始めた卸売商もいました。

日本橋魚河岸は、江戸時代から鮮魚の卸売市場だったので、震災以前から魚の汚臭や魚の処理に伴って発生する汚水を理由に中心部からの移転を求められていました。

関東大震災で焼失したことを機に、日本橋魚河岸の移転計画は大きく動き出します。移転議論では、あまり遠くへ移転すると顧客が離れてしまうという懸念が出ました。そのため、日本橋から離れつつも以前の場所から近いことが新天地の条件に課されました。

その条件をクリアしたのが築地です。築地には海軍省が保有する広大な用地があり、東京市は水運に恵まれているという立地も卸売市場に適していると考えました。海軍から借り受ける形で日本橋魚河岸は移転します。

震災から3か月後には、臨時的に築地へと市場が移転します。しかし、これはあくまでも仮という扱いでした。なぜなら、築地への移転に抵抗感を示す日本橋魚河岸関係者が少なくなかったからです。

同様に関東大震災で被災した京橋青物市場でも、同じ場所で商売を続けたいと考えていた卸売商が多くいました。

こうして意見はまとまらないまま時間が過ぎ、また日本橋・京橋それぞれの足並みも揃わず、築地市場への移転は間延びしていきます。それでも昭和9（1934）年には築地市場の建屋が完成。築地への移転が既定路線になりました。

築地に新設された建屋は、弧を描くように設計されました。弧を描くように設計された理由は、長編成の貨物列車が入線できるようにとの考え方に基づいています。築地市場内部に敷設された線路とプラットホームは、貨物列車に積載されていた農産物・水産物をそのままセリ場へと運べるような構造になっていました。

築地市場で取引される鮮魚は、早朝に地方から同駅へと到着していました。そして、そこから再び各地へと発送されていきます。

国鉄では早朝のセリに間に合うように貨物列車のダイヤを調整していました。戦後、東海道本線は夜行列車が多く走っていたこともあり、早朝に間に合うようにダイヤを調整することは至難の技でした。築地市場へと向かう貨物列車は時間厳守のため、国鉄のダイヤ作成担当者は常に頭を悩ませていたようです。

築地市場の近隣には汐留《しおどめ》貨物駅がありましたが、築地場内にも東京市場駅があり、昭和62（1987）年まで両駅では物資輸送が続けられました。

築地の踏切跡（著者撮影）

汐留貨物駅から東京市場駅の間には都道360号線が横切っていて、昭和50年代以降は自動車が激しく往来する道路になっていました。運転本数が少ないとはいえ、この道路を貨物列車がゆうゆうと走り、その間は自動車の往来が塞がれていたのです。その自動車交通を止める役割を果たしていた踏切は名物になり、東京市場線が廃止された現在もひっそりと残されて過去の歴史を伝えています。

タピオカやレモネードも運ぶ？

そもそも鉄道貨物によって農産物や水産物が運ばれるようになったのは、いつからなのでしょうか？　それは鉄道貨物が始まった明治６（１８７３）年からです。

営業開始こそ旅客に先を越されましたが、鉄道貨物はスタートと同時に31条からなる鉄道貨物運送規則が制定されています。鉄道貨物運送規則は鉄道貨物におけるルールですが、これには旅客と同様に、貨物にも〝運賃〟が発生することが示されていました。いわゆる配送料です。

鉄道貨物運送規則には輸送品目ごとに運賃が決められ、その運賃表には建築建材や日用雑貨、工芸品に混じって食料品などの運賃が記入されていることが確認できます。

興味深いのは、食料品に「タピオーカ（=タピオカ）」や「レモナード（=レモネード）」といった文字が見られる点です。

明治期にタピオカやレモネードを輸送していたと聞けば、政治家や企業経営者といった富裕層もしくはハイカラな文化人たちが口にしていたと想像するかもしれません。

しかし、鎖国が解かれてから明治の初期まで、文明開化の影響を受けた横浜や神戸といった港町、その港町から至近で経済発展が著しい東京や大阪では生活様式全般が西洋化する傾向が見られました。

西洋化が最初に現れたのは、主に服装と建築、そして食事です。服装と建築は視覚的な面から訴求力が強く、ゆえに社会のムードを西洋化へと傾斜させるのに最適でした。そのため、政府も洋装を奨励しています。

建築面は、庁舎や裁判所といった公共建築から西洋化が取り組まれました。明治新政府が発足した当初、庁舎として使用されていたのはそれまでの代官所や大名屋敷でした。それらを庁舎に転用して凌ぎましたが、歳月が経過するにつれて、代官所や大名屋敷で公務にあたることはなくなり、西洋建築で建てられた庁舎が誕生していきました。

服装と建築は政府の半強制的な推進によって進められましたが、食事の西洋化は庶民が美食を求める心理から自然発生的に進んでいきました。明治初期は西洋文化を嫌悪する人は少なからずいましたが、美味しい食べ物には抵抗できません。そのため、政府の強制力を使わずとも、自然に洋食化が進んでいきます。

ただし、食事には健康な身体をはぐくむという目的があり、それは強い軍隊の育成という意味で国家が掲げる富国強兵というスローガンにも結びつきます。そのため、食事の西洋化に服装や建築と同様に国家の関与を完全に否定できません。それまで日本で牛乳生産は事業として取り組まれていませんでした。そのため、政府要人たちは私財を投じて牧場を開設し、そこで牛乳生産に乗り出しています。

明治期、食事面での大きな変化は牛食です。牛肉は古代から日本でも食されていましたが、時代が下るにつれて獣肉食は禁止されていきました。獣肉食の禁止は建前であり、こっそり隠れて供されていたようですが、開国で外国人が増えていくのにしたがって禁食の意識は薄まり、次第に解禁されていきます。

そして横浜で牛鍋屋が繁盛すると、相次いで牛鍋屋が開店していきます。これで牛食は完全に市民権を得ることになり、その後は雪崩を打つように食事の西洋化が進みました。

食事の西洋化が幕末から明治にかけて急速に進んだという事実を踏まえれば、美食家がレモネードやタピオカを求めていたことも頷けます。美食家が求めるなら、鉄道貨物によって東京や大阪に運ばれていたかもしれないとの推測も成り立ちます。その前提に立つと、鉄道貨物運送規則にレモネードやタピオカの記載があっても不思議ではありません。

それでは実際にレモネードやタピオカが運ばれていたのでしょうか？　実は、この謎は解明されていません。一説には、鉄道貨物の担当者が「タピオーカ」や「レモナード」を理解しておらず、本場・イギリスの運賃表をそのまま書き写しただけとも推測されています。

鉄道で東京をめざす行商人

いずれにしても鉄道貨物が始まった明治6（1873）年から、新橋駅―神奈川駅（現在は廃止）間で鮮魚を積載した貨車が連結されました。これら農産物・水産物を運ぶ貨物列車は、ビジネス的にいえばB to Bの取引です。

その一方で、東京圏では大正期から鉄道を介したB to Cの取引も目立つようになっていきます。B to Cの取引とは、平たく言えば野菜や魚をその日のうちに現金へと換える行商のことです。

それまでにも店舗を構えずに魚や野菜を売り歩く行商人はいましたが、昭和2（1927）年の昭和金融恐慌と昭和5（1930）年の昭和恐慌が起きたことで行商人の数は一気に増えていきました。2つの恐慌が間髪入れずに起きたことで、農家は現金を必要とするようになるなど不景気の影響を大きく受けたのです。

農家が現金を必要とする中、活路を求めたのが東京でした。東京は明治・大正の半世紀で、すっかり都市化が進んでいたのです。そのため、東京から農地が減り、比例して食糧生産に従事する人たちは少なくなっていました。

食料が必要な都市部と現金収入がほしい農村。互いの思惑が合致し、近隣で農業を営む人たちは朝の農作業を終えた足で列車に乗って一大消費地である東京を目指しました。農村では誰もが作物を栽培しているので、近所で野菜を売り歩くことはできません。しかし、東京では自分たちが想定していた以上の価格で野菜が飛ぶように売れていきます。生産者と消費者の直取引ですから、仲介者や流通事業者にマージンを取られることもありません。

消費者にとっても、農家から直に買うわけですから通常よりも安価で新鮮な野菜が手に入ります。行商は双方にとってＷｉｎ―Ｗｉｎの関係を築いたわけですが、特に生産者側が行商を稼げるビジネスと考えるようになったことで、行商は盛んになっていきます。

そして儲かることで行商人がさらに増えるという好循環を生み出します。どんどん行商人が増えていったのです。

行商人vs当局の攻防戦

当初、行商人は一般乗客に混じって列車に乗っていました。しかし、大きな籠を背負っている行商人は、ほかの乗客から迷惑がられるような存在でもありました。

鉄道省も行商人の対応に苦慮していましたが、常磐線・成田線だけで半年間に約４万円もの運賃収入がありました。上客でもあった行商人に強く言うことはできません。

それでも時代を経るにつれて、行商人による車内混雑が激しくなっていきます。行商人が増えたことでトラブルも頻繁に発生するようになり、鉄道当局はトラブルを回避することを模索しました。その解決策として、鉄道省は昭和10（1930）年に行商人取締規定を制定したのです。

同規定は行商人が乗車できる列車を指定したほか、持ち込める容器を竹籠に、サイズも42センチ、重量は60キログラム以内といった制限を加えました。

昭和12（1937）年、行商人取締規定に「行商人はラッシュアワーの時間帯に上野駅でいったん待機する」という条文が追加されます。

このほかにも、年を追うごとに行商人に対する規制は強化されていきます。そうした制限によって行商人たちは売上が落ちることを心配し、行商人たちもあの手この手で規制をすり抜けようとしました。

昭和12年に追加された「行商人はいったん上野駅で待機する」という条文ですが、常磐線に乗車する行商人たちは一駅手前の日暮里《にっぽり》駅で山手線へと乗り換えるようにして規制をすり抜けようとしています。

常磐線に乗ってきた行商人たちは、日暮里駅で内回り電車に乗り換えてしまえば上野駅を経由せずに池袋や新宿といった主要ターミナルへと移動できます。

そのすり抜け対策として、鉄道当局は翌年に「乗り換えは上野駅を利用する」という条文を新たに追加しました。これで行商人のすり抜けを阻止したのです。

昭和12年は日中戦争が開戦した年で、政府は食料への統制を強めていました。しかし、行商で扱っている青果品は例外になりました。政府から行商での取引は農家の生活を成り立たせるために必要な行為と解釈されたからです。

それでも、戦火が激しくなる昭和18（１９４３）年に行商は全面禁止になります。行商が禁止されると、農家は貴重な現金収入を失い、生計が立てられなくなる農家が続出する可能性もありました。

そうした危機に際しても、農家の人たちは狡猾に当局の目をすり抜けていきます。当局に見つからないよう、行商人は普段着姿で風呂敷に野菜を包んで持ち運ぶようになりました。当時、こうした行商人は〝おしゃれ行商人〟と呼ばれていました。

鉄道当局は、もともと20キログラム以内の手荷物は規制外にしていました。また、普段着姿で乗車していると、一般乗客なのか行商人なのか判別ができません。こうして、禁止された後も農家の人たちは抜け道を探して行商を続けていたのです。

京成の行商専用列車（筆者撮影）

行商専用列車と鮮魚列車

終戦後も政府による統制は続いていましたが、昭和24（1949）年に青果物の統制が解除されます。これにより、再び行商人が増え始めて列車でも目立つようになります。

そして、鉄道会社はかつてのトラブルを参考にして一編成まるごと専用列車に仕立てた行商専用列車を走らせるようになります。

行商人は農業が盛んな千葉県・茨城県から東京へと出向く人が多いので、行商人は主に常磐線や成田線を使っていました。私鉄では、多くの行商人が東京と千葉を結ぶ京成電鉄を利用していました。

京成では昭和10（1935）年から嵩高荷物専用列車という名称で、一編成まるごと行商人だけが乗車できる列車の運行を開始しています。これが行商専用列車と通称されるようになり、戦後の最盛期には1日4往復が運転されていました。その4本の内訳は、京成上野駅方面と押上《おしあげ》駅方面に向かう2種類が2本ずつの運転でした。

一時代を築いた行商人と行商列車ですが、京成は利用者が減少したことを理由に昭和57（1982）年に専用列車を廃止します。その後は、一般車両の最後尾一両を〝行商専用車〟として連結するようになりました。

行商専用車は組合加盟の行商人しか乗車できないため、車内には野菜が詰まった段ボールが積み上げられ、ミカンや大福を食べながら談笑する行商人で溢れました。

それでも行商人は時代とともに数を減らしていき、平成10（1998）年に押上駅方面の行商専用車が廃止されます。そして、平成25（2013）年には京成上野駅方面の列車に連結されていた行商専用車も廃止されました。こうして東京圏で行商列車が姿を消したのです。

関西圏では、近鉄が昭和38（1963）年から鮮魚列車の運行を開始しています。鮮魚列車は伊勢志摩魚行商組合連合会の貸切列車として運行され、伊勢・志摩で水揚げされた鮮魚を一大消費地である大阪へ届けるという役割を果たしていました。

鮮魚列車は日曜・祝日を除いて毎日運行されていました。早朝に三重県伊勢市の宇治山

近鉄の伊勢志摩お魚図鑑

田駅を出発し、大阪府大阪市の大阪上本町《うえほんまち》駅に到着するというダイヤが組まれています。

鮮魚列車ですから急がなければ鮮度が落ちてしまうのではないか？　という疑問も沸きますが、鮮魚列車は途中で何回も特急列車などに追い抜かれるダイヤが設定されていました。

現在は高速道路などが整備されているので、スピードだけを考えればトラックで輸送したほうが効率的かつ短時間です。

しかし、鮮魚列車には渋滞に巻き込まれずに時間が正確、大量輸送が可能といったメリットがあります。それが頑なに鮮魚列車の運行が続いている理由でした。

鮮魚列車は令和２（２０２０）年のダイヤ改正時に廃止され、その代替として「伊勢志摩お魚図鑑」という列車が運行されるようになりました。伊勢志摩お魚図鑑は早朝に三重県の松阪駅から大阪上本町駅まで運行される一般列車の最後部、夕方に大阪上本町駅から松阪駅への一般列車の最前部に鮮魚運搬専用列車を連結して運行されています。

3 東京の都市化の陰に「石」の貨物列車あり

東京を甦らせた玉電

若者の街として有名な渋谷駅から世田谷区方面へ、そして神奈川県川崎市・横浜市へと線路を延ばす東急電鉄田園都市線の沿線は住宅情報誌などが定期的に発表する「住みたい街ランキング」で安定的な人気を誇ります。

田園都市線の沿線は閑静な住宅街が形成されているわけですが、その前身ともいえる玉川電気鉄道（玉電）は旅客輸送よりも多摩川で採取される砂利を運ぶことで得られる利益が高く、それが経営を支えていました。

多摩川で採取された砂利は、コンクリートの原料として使用されるので高値で取り引きされます。当時、まだコンクリート造の建物は少なく、多くの家屋は木造でした。ゆえに多摩川の砂利採取は、それほど〝おいしい〟ビジネスではありません。

コンクリート需要が急増するのは、関東大震災の後です。壊滅状態になった東京は、帝都復興院総裁の後藤新平《ごとうしんぺい》によって復興が進められていきます。後藤は元に戻す復旧ではなく、新しい東京をつくる意味も含めて復興という言葉を創作して東京の再建を急ぎました。

後藤が旗を振る復興事業では、特に小学校と公園の整備に力を入れていました。小学校は子供たちの学び舎でもあるわけですが、災害時には地域の避難場所としても活用されます。そうした事情から、木造よりも地震や火事に強い鉄筋コンクリート造で復興小学校が再建されていったのです。

東京市内に数多い小学校を鉄筋コンクリート造にするわけですから、砂利の需要が増加したことは言うまでもありません。多摩川の砂利採取は活発化し、それを運ぶ玉電も活況を呈しました。玉電は関東大震災で壊滅した東京を甦らせる役割を担ったのです。

以降、玉電は砂利採取で大きな利益をあげることになりますが、砂利の採取が多摩川の水質を汚濁している原因と指摘されたために、政府は昭和9（1934）年に多摩川での砂利の採取を禁止しました。

これにより、玉電の経営は暗転。同じく、渋谷を拠点にしていた東京横浜電鉄（現・東急電鉄）に昭和13（1938）年に合併されて幕を閉じます。

東武鉄道と東京スカイツリー

玉電のほかにも、建築資材の面から東京の再建を手助けした鉄道があります。それが東武鉄道です。東武鉄道は浅草駅をターミナルに埼玉県・千葉県・群馬県・栃木県に路線を広げる大手私鉄です。東武の沿線には大谷石が産出する栃木県宇都宮市、藪塚石が産出する群馬県藪塚本町といった石の名産地が点在しているほか、会沢《あいざわ》線や大叶《おおがのう》線の沿線には石灰石やドロマイトを産出する鉱山がありました。

東武鉄道はいくつかの鉄道会社が合流しながら現在に至っていますが、その中でももっとも早く創業した安蘇馬車鉄道は現在の佐野線の前身にあたり、同鉄道は石灰石を輸送する目的で開業しています。そして、大正９（１９２０）年には貨物専用線の会沢線が開業。同じく貨物専用線で、会沢線の途中から分岐する大叶線は昭和４（１９２９）年に開業しています。また、会沢線と接続する日鉄鉱業の専用線などもありました。

石関連の産業が強い沿線だったこともあり、東武は私鉄ながらも貨車を牽引するために、機関車を多く所有し、平成15（２００３）年まで貨物列車を運行していました。

東武の各線は昭和初期には電化がされていたので電気機関車による貨物列車の運行も可能だったはずですが、東武は昭和30年代まではＳＬが牽引する貨物列車を当たり前のように運行していました。しかし、ＳＬから吐き出される煤煙が問題視されたこともあり、昭和41（１９６６）年にＳＬによる貨物列車は姿を消して、以降は電気機関車による貨物輸送が続けられました。

東武の貨物列車は、各地から業平橋《なりひらばし》（現・とうきょうスカイツリー）駅まで運行していました。業平橋駅にはヤードやＳＬ機関区が整備されていたほか、セメント工場も隣接していました。北関東の各地から運ばれてきた石灰石がここでセメントになり、そして東京の建物に姿を変えていったのです。

業平橋駅は浅草駅のすぐ隣の駅です。下町風情を残す街並みが広がるエリアではありますが、東京都心部といっても差し支えない業平橋駅に21世紀までセメント工場があったと聞けば、誰もが驚くことでしょう。

東武の貨物列車は主に石材・砂利・石灰・セメントなどを運んでいましたが、昭和36（１９６１）年度の７４２万トンがピークでした。高度経済成長期を迎える中、東武の貨物列車は輸送量を減らしていきます。その原因は、これまでにも繰り返し述べてきた道路整備が進んだこととトラック輸送の隆盛です。

東武の貨物列車もトラックに対抗できず、大叶線は昭和61（１９８６）年に、会沢線は平成９（１９９７）年に廃止されました。

それでも東武は辛うじて貨物輸送を続けていましたが、平成14（2002）年度に貨物の輸送量が15万トンまで減少します。これにより、経営陣も貨物輸送の廃止を決断。東武の貨物輸送は翌年に幕を下ろしました。

東武の貨物列車が運行を終了した翌年には、NHK・民放キー局を合わせた放送事業者による在京6社新タワー推進プロジェクトが発足。紆余曲折を経て、業平橋駅に広がっていたセメント工場跡地に新タワーの建設が決まりました。そして、平成24（2012）年に東京スカイツリーがオープン。周囲の景色は大きく変わりました。

大谷石を東京へ

東武の沿線にはセメント原料となる石灰石のほかにも、大谷石・藪塚石といった建材としての石の産地があります。

大谷石は宇都宮市で産出しますが、日本鉄道が上野駅―宇都宮駅を一本の線路で結んだのは明治19（1886）年です。これにより宇都宮駅―上野駅間でも貨物列車が運行されるようになるわけですが、宇都宮駅から大谷石の採掘現場までは多少の距離がありました。そうした理由から、当初は東京への輸送は限定的でした。

明治30（1897）年、宇都宮軌道運輸が石材輸送を目的にした線路を敷設します。宇都宮軌道運輸が敷設した線路は人車鉄道といい、人が押して走る鉄道でした。鉄道に詳しくないと動力が人力なのに鉄道と表現していいのか？　という疑問が沸くかもしれません。

しかし、人が押す鉄道、いわゆる人車鉄道（人車軌道）は東京都葛飾区の帝釈天《たいしゃくてん》を参詣するために敷設された帝釈人車軌道、小田原から温泉地の熱海を結んだ豆相《ずそう》人車鉄道など、意外にも全国各地で運行されていました。

宇都宮軌道運輸が運行した人車軌道は、軌間が610ミリメートルと狭く、車体も1トン積みの貨車が使用されていました。これは宇都宮軌道運輸の財政的な問題から建設費を少なくしようという意図があったと思われますが、そのほかにも人が押す鉄道なので大きなサイズでは車両そのものが重くなって押すことができなくなるという事情もあったとも推察できます。

宇都宮軌道運輸に遅れること2年、同じく大谷石の輸送を目的にした野州人車鉄道が開業します。両社は採掘現場から市内中心部までしか線路を敷設していませんでした。そのため、当初は販路が限られ、大谷石は宇都宮ローカルの建材と認識されていました。

宇都宮軌道運輸は明治36（1903）年に日本鉄道の鶴田駅まで線路を延伸させ、これによって鶴田駅から鉄道貨物に積み替えて東京まで輸送できる体制が整います。また、宇都宮軌道運輸と野州人車鉄道は明治39（1906）年に合併して、新たに宇都宮石材軌道が発足。合併によって鉄道ネットワークが拡大したことを受け、宇都宮石材軌道は月産２万トンの目標を掲げました。そして、その目標を達成するために輸送力の強化にも乗り出します。

明治40（１９０７）年、宇都宮石材軌道は路線の複線化を完了。さらに、大正４（１９１５）年には蒸気機関車を導入するとともに一部の区間を１０６７ミリメートル軌間で建設しました。

宇都宮石材軌道が官営鉄道と同じ軌間に揃えたことは、積み替え作業をせずに官営鉄道へと乗り入れて東京まで輸送する狙いが含まれていました。

こうして、震災翌年の大正13（１９２４）年に大谷石の年間の採掘量は24万８０００トンに達し、それらの多くが帝都復興のために東京へと運ばれたのです。

鉄道開業により石材の輸送が容易かつ迅速になりましたが、それだけで大谷石や藪塚石が東京で建材として使われるようになったわけではありません。大谷石の知名度を全国区へと押し上げたのは、アメリカの著名建築家であるフランク・ロイド・ライトが設計した帝国ホテルのライト館でした。

同館は主な建材に大谷石を用い、大正12（１９２３）年に東京・日比谷に竣工。同年に関東大震災が起きますが、ライト館は倒壊せずにそのまま避難所として活用されました。

ライトは帝国ホテルの建物を設計するにあたり、当初は石川県産出の菩提石を使う予定だったようですが、輸送の関係から栃木県産出の大谷石に変更したと言われています。その偶然が、大谷石の評判を広めることになったのです。

関東大震災からの復興は、昭和5（1930）年に政府などが催した一連の帝都復興完成記念行事によって一区切がつきます。

それ以降も、東京は都市としての発展を続けていきます。昭和6（1931）年、東武鉄道は新栃木駅から分岐する東武宇都宮線を開業。それと同時に東武は宇都宮石材軌道を合併して、同線は東武鉄道大谷線と改称します。大谷線は宇都宮線の西川田駅で接続することになり、東京への大谷石輸送がスムーズになりました。

輸送体制が整えられると、昭和7（1932）年に宇都宮の事業者による組合が、昭和10（1935）年には地元の石材業者による組合が設立されていきました。こうした組合が設立されたことは、これまで個人経営だった石材業者が組織化されたことを意味し、生産活動が活発化する要因にもなりました。実際、大谷石の産出量は昭和9（1934）年から増加していきます。

東武渾身の住宅地・常盤台

大谷石の産地である宇都宮に東武が進出したことで、東武と大谷石の関係は濃密になりましたが、その密接な関係は東武東上線のときわ台駅でも見ることができます。

同駅は昭和10（１９３５）年に武蔵常盤駅として開業しますが、駅を開設する前から東武の総帥だった根津嘉一郎《ねづかいちろう》が理想と描いた高級住宅街が計画されていました。

当初、根津は碁盤目状の街を目指して計画を描いていたようですが、駅を取り巻く同心円状の街路と駅から延びる放射線状の街路で構成される住宅街へと変更しました。これは、大正末期に渋沢栄一が理想郷として造成した田園調布を模範にしたとも言われています。

明治期に勃興した多くの私鉄は、阪急の小林一三《こばやしいちぞう》が築いたビジネスモデルを模倣して、沿線に住宅地を次々に開発・分譲していました。それら私鉄が分譲した住宅地は評判を呼び、鉄道会社のステイタスも上がっていきます。

次々と私鉄が住宅地の造成や分譲を始める中、東武は住宅地開発に乗り遅れていました。小規模な住宅地の造成は手掛けていましたが、本格的な住宅地は始めていなかったのです。そうした遅れを挽回するべく、根津は高級住宅街をつくろうと考えたのです。東武は武蔵常盤駅前の約２万３４００坪を住宅地へと整備するべく計画を練り始めますが、住宅地の計画を策定できる実務者がいないために、計画は暗礁に乗り上げました。

根津は住宅地の開発・分譲を完遂するべく、社内で住宅地の計画を練ることを諦めて、内務省に相談しました。

なぜ、根津は内務省に住宅地の計画を持ち込んだのでしょうか？　内務省は地方自治体を管轄する省庁で、住宅地の開発・分譲といった都市計画も内務省が所管しています。そうした理由から相談を持ち込んだと思われますが、民間企業の住宅地を官が手がけることは本来ならあり得ません。そのため、当初は内務省が常盤台の図面を引いたことは伏せられていました。

そして東武から持ち込まれた武蔵常盤駅前の住宅地計画は、まだ若手だった小宮賢一に任されます。小宮は見よう見まねで図面を引き、それがそのまま武蔵常盤駅の街路計画にトレースされたのです。こうして常盤台と命名された高級住宅地が出現しました。

東武は私鉄の中でも住宅地開発は後発だったので、それが幸いして常盤台には先駆的な試みが随所に散りばめられました。例えば、常盤台を一周するプロムナード（散歩道）は幅員が約8・2メートルある幅広の道路です。幅広い道路は自動車の往来が激しくなりますが、常盤台では道路中央に街路樹を配して自動車は通行できないように工夫されています。

また、日本国内の住宅地では初めて導入したクルドサックと呼ばれる袋路の存在も見逃せません。クルドサックは末端部が円形になった道路のことで、自動車の通り抜けを防止

東武東上線・ときわ台駅（筆者撮影）

する目的があります。その一方で、家の前で自動車を展開させることは可能なので居住者や訪問者には機能的な道路とされています。

そのほかにも、常盤台にはフットパスと呼ばれる歩行者専用の小径《こみち》も整備されるなど、常盤台にはこれまでには日本にはない、最新のアーバンデザインが取り入れられました。

常盤台の斬新な都市計画を見るだけでも東武の住宅地への気合いを感じますが、武蔵常盤駅は東武のシンボルともなるべく、大谷石を用いた駅舎が建てられました。

武蔵常盤駅の駅舎は時代の経過とともに老朽化して建て替えられましたが、平成30（2018）年に再び駅舎をリニューアルしました。新装したときわ台駅は開業当初の雰囲気を漂わせるレトロな駅舎に姿を変えるとともにに、大谷石を用いた外構部が整備されるなど、いかにも東武の駅舎といった佇まいになりました。

そのほか、東武は昭和7（1932）年に野球場前（現・南宇都宮）駅を開設していますが、同駅も大谷石をふんだんに使った駅舎でした。南宇都宮駅は令和2（2020）年にリニューアルされましたが、ときわ台駅のように開業当時の雰囲気を漂わせる改修になりました。

戦争と大谷線

東武沿線で多く産出する大谷石は建材で使われることが多いため、戦争と無関係に見えますが、そんな大谷石も戦争の影響を避けることはできませんでした。鉄道が軍需輸送を優先する方針になったこともあり、建材として使用される大谷石の輸送は以前より下火になります。そもそも採掘をしていた労働者が兵士として戦地へ送られたこともあって、太平洋戦争が開戦する昭和16（1941）年には産出量が減少しています。

また、中島飛行機（現・SUBARU）が大谷石の地下採石場に着目。激化する戦争に備えて、昭和17（1942）年には同地に工場の建設を開始しています。

観光地として人気の大谷石地下採石場跡

大日本帝国には陸軍と海軍があり、空軍はありませんでした。しかし、世界の情勢は空軍力を増強する流れにあり、特にアメリカ・イギリスは空軍力の増強に励んでいました。

日本をはじめ世界各国が空軍力に着目したのは、第一次世界大戦後に締結されたワシントン海軍軍縮条約が遠因です。同条約は第一次世界大戦によって各国が疲弊したことの反省を踏まえ、同じような戦争が起きないように海軍力を抑制しようという各国の形成合意で締結されています。

条約の締結によって、全世界に平和が訪れることを願うものでしたが、条約締結を主導した戦勝国が条約の抜け穴を活用して条約発効後も実質的に海軍力を増強していたのです。

条約最大の抜け道が、条約の影響を受けない空軍力の強化でした。空軍力強化の肝は、なんと言っても航空機の性能を向上させることです。それらは、政府が主導するよりも民間企業による切磋琢磨が大きく物を言いました。

中島飛行機は戦前の日本を代表する航空機メーカーで、国の意向もあって大谷石の地下採石場を工場として使用しても問題視されませんでした。そして、昭和18（1943）年には約5万8000平方メートルにもおよぶ製作所が大谷石の地下採石場に完成。同工場には勤労奉仕を含む約8900人の労働者が作業に従事しました。

工場に転換された地下採石場への通勤手段は、主に近隣からの徒歩が多かったようですが、それだけでは人手を賄いきれず、石材輸送用だった大谷線も通勤用として活用されました。

地下採石場が軍需工場として使われた影響から、昭和20（1945）年の出荷量は約1万8000トンまで低下。これは大谷石の鉄道輸送が定着してから最低の記録です。

こうして戦争により大谷石の出荷量は大きく減少しましたが、関東大震災の復興と同様に戦災復興で大谷石が重宝されます。昭和20年から地元・宇都宮では10社以上の採石業者が事業を再開し、昭和24（1949）年には年間の出荷量が20万トン、翌年には25万トンを超えて過去最高を更新していきました。これには復興需要に加え、復員による人手の確保ができたことや経済統制の解除といった事情がありました。

大谷石は東京都では、新宿区の紀伊国屋書店本店や港区の国際文化会館、神奈川県では近代美術館鎌倉（現・鎌倉文華館鶴岡ミュージアム）などに使用されました。こうしたシンボリックな建物に使われたことから大谷石の人気は高まり、さらに日本が高度経済成長期に入ったこともあって需要の拡大は続きました。

そこで業界団体は大谷石の採掘・加工の機械化に取り組みます。同時に輸送の効率化・近代化も着手されました。輸送の効率化・近代化とは、平たく言えば脱鉄道であり、トラック輸送への移行です。

鉄道輸送と比べて、トラック輸送は生産地から消費地まで積み替えの手間を省き、しかもダイヤの制約を受けないというメリットがありました。

輸送の効率化・近代化により、まず昭和27（1952）年には採石場から最寄駅までを人力で輸送していた大谷軌道線が廃止になります。さらに輸送の効率化・近代化を段階的に進めて、昭和34（1959）年には出荷量の90パーセント以上がトラック輸送に転換されました。

大谷石の輸送が鉄道からトラックへと急速に移行したのは昭和30年代に入ってからで、

それはトラックが普及したこともさることながら、道路の舗装率が一気に向上したことに起因しています。全国の道路舗装率は昭和35（１９６０）年には70パーセントに迫り、主要道路は舗装がほぼ完了していたのです。

こうして大谷石の輸送は鉄道からトラックへと移り変わり、昭和39（１９６４）年に大谷線は全廃。大谷石の鉄道輸送は終焉を迎えました。

鉄道が変えた石材産業

栃木県の大谷石とともに、関東大震災・戦災復興で東京を支えたのが茨城県の稲田石です。稲田石も大谷石と同様に鉄道開業前から地元では知られた存在でした。それが全国区になるのは明治22（１８８９）年の水戸鉄道（現・ＪＲ水戸線）開業がきっかけです。鉄道が開業したことを機に、地元の有力者が笠間石材会社を設立。このとき稲田石は、「笠間石」の名称で採掘・販売されています。

当時、稲田駅は開設されていません。そのため、切り出された稲田石は馬車や大八車で笠間駅へと運ばれ、そこから貨物列車で東京に輸送されていました。その流通経路から笠間石と呼ばれたのです。

それまでは伊豆半島の伊豆石、房総半島の房州石、瀬戸内海の北木石などが石の産地として有名で、東京でもこれらの産地から石を取り寄せて建材として使用していました。しかし、関東大震災後の復興事業で石需要が高まり、これまでの供給体制では間に合いません。そこで、ほかの産地からも供給してもらう必要がありました。

大谷石や稲田石は東京に近い栃木県や茨城県が産地ですが、内陸部ということから輸送がネックになっていました。内陸部に位置する大谷石や稲田石の採石場は、舟運がメインだった江戸時代だったら忌避されていたことでしょう。鉄道という新しい物流ツールが誕生したことで、これら内陸部の石の産地がクローズアップされたのです。

稲田石の産地では、石材の売り上げを拡大することで地域の経済振興が進みました。さらに経済振興に取り組むべく、有志たちが線路沿いの用地を買い上げて鉄道会社へと寄付します。その寄付された土地に稲田駅が開設されて、これまで以上に多くの石材が東京へと運ばれていくことになります。

稲田石の販路が拡大すると、採石場から稲田駅までの輸送も効率化しようとする動きが出ました。まず、駅と採石場を結ぶ約2・0キロメートルの短い運搬専用線を建設。それだけでも稲田の採石業・石材業はにぎわいを見せ、さらなる売上の拡大を見込んで各社が独自の専用線を敷設するといった動きが広がりました。

こうして稲田駅から採石場へと延びる運搬専用線は網の目のように広がり、そこから運

JR稲田駅（著者撮影）

ばれる稲田石は東京を中心に建材として多用されたのです。

稲田石を用いた代表的な建築物には、東京駅・国会議事堂・最高裁判所などがあります。一般的に東京駅と聞いてイメージするのは丸の内側に建てられた赤レンガの駅舎ですが、赤レンガ駅舎の白い部分の大半に稲田石が使われているのです。

稲田石は大谷石と同様に、戦災復興でも活躍しました。特にＧＨＱから機械を払い下げられたおかげもあり、切り出し・加工・物流面において高い生産性を維持し、それが売上の拡大に貢献しています。

戦災復興が一段落する昭和25（１９５０）年頃になっても稲田石の需要は落ち込まず、昭和27（１９５２）年には高円寺駅、昭和30

（１９５５）年には御徒町《おかちまち》駅の駅舎再建で稲田石が使用されました。

大谷石の本場である宇都宮市庁舎は戦災で焼失しましたが、昭和27（１９５２）年の再建時に稲田石も使われました。また、宇都宮市役所の近くに立地している東武百貨店宇都宮本店は昭和34（１９５９）年にオープンしていますが、そこでも稲田石が使われています。

江戸時代まで石の輸送は船だったので、おのずと石の産地も沿岸部に偏在しました。鉄道で内陸部からの輸送が可能になり、石の産地にも変化が起きたのです。

鉄道が産業を変え、社会を変えた一例といえるでしょう。

4 戦時下に生まれた日本通運と鉄道貨物の再構築

小運送ネットワークの拡大

鉄道貨物が開始された当初、鉄道貨物や海運など輸送インフラを担う幹線的な役割を担う事業者を大運送、駅からそれぞれの配達先へと届ける物流事業者を小運送と呼び分けていました。

鉄道貨物が登場した当初は、発送主ではなく受け取り側が運賃を支払う方式が一般的でした。今で言うところの着払いが基本だったわけですが、大運送である鉄道貨物は前払いで料金を徴収していました。

その方式だと、運送業者が鉄道貨物の運賃を一時的に立て替えなければなりません。それが精算業務を複雑な仕組みにしていたのです。そこで、大運送と小運送の運賃計算を専門に扱う計算会社も誕生します。

鉄道貨物が開始された明治6（1873）年は、三井組（後の三井財閥）が小運送の業務を独占的に受託していました。独占と表現すると利権的な印象を抱きますが、実際は複雑な仕組みや鉄道貨物ゆえの大量輸送に対応できる巨大組織が三井組しかいなかったことが、三井組が受託していた理由と言われています。

当時の貨物列車は、新橋駅発と横浜駅発がそれぞれ1日1便の運行で、新橋駅・神奈川駅（現在は廃止）・横浜駅の3駅のみで荷物取扱場所を設けていました。

3駅でしか取り扱いがありませんから、その売上規模は決して大きくありません。三井組にとっても鉄道貨物における小運送業務は売上的に小さく、三井組の小運送業務は常に赤字でした。

ずっと赤字を垂れ流しているわけにもいかず、三井組は翌年から大運送の取り分から5

パーセントの手数料を得ることを政府に約束させます。

ようやく収益化のメドが立ちつつあった明治８（１８７５）年、三井が独占していた鉄道貨物における小運送業が市場開放されます。そのタイミングで、内国通運（現・日本通運）が新規参入を果たしました。

しかし、鉄道貨物の全体の売上規模が大きくなったわけではありませんから、三井の売り上げを新規参入の事業者が食っただけに過ぎず、このままの状態が続けば小運送事業者は共倒れになる危険性がありました。

小運送が成り立たなければ、鉄道貨物そのものの存続も危うくなります。それを回避するには鉄道貨物の市場規模を拡大するしかありません。しかし、市場を拡大することは容易ではありません。

ようやく鉄道貨物の市場規模が拡大する兆しを見せるのは明治16（１８８３）年です。上野駅をターミナルにした日本鉄道（現・ＪＲ東日本）が開業したのです。

日本鉄道が建設した東北本線や高崎線は内陸地を走っています。そのため、沿線の都市ではこれまで海運事業者に物資輸送を頼ることはできませんでした。こうした事情から、日本鉄道が走る東北地方や北関東で鉄道貨物が勢力を伸ばしていくのです。

日本鉄道が線路を延ばしていくのと同時に、内国通運は主要駅に取扱店を出店。内国通運は地方都市の豪商・豪農と代理店契約を結び、一気に営業範囲を拡大しました。こうして小運送のネットワークは全国へと広がり、同時に鉄道貨物が盛んになっていくのです。

日本通運の誕生と宅配便の普及

明治22（1889）年に新橋駅―神戸駅間の東海道本線が全通すると、内国通運は定期送達便のサービスを開始。同サービスは従来の運賃よりも安く決められた時刻に届けるもので、これを機に鉄道貨物のサービスも充実していきました。

明治23（1890）年、内国通運は国内の鉄道網が拡大しつつあることを踏まえて取扱業務の主力を鉄道貨物へと転換していきます。

しかし、この頃から小運送業者が増加し、事業者間での競争が激化していました。事業者間での競争が起きれば、事業者は客を他社に奪われないように送料を安くします。ところが、実態は逆に動きました。

事業者が乱立したことによって、水増し請求や誤配送が頻発。そのほか斤量超過（過積載）、抜き荷（密輸）が横行したのです。

事業者が乱立したことで物流は混乱を招き、それは日本経済を揺るがしました。そうした事態を重く見た鉄道当局は、大正8（1919）年に解決策として小運送業者の公認制度を創設します。政府が小運送事業者を適正に管理し、そのうえで公認する制度によって、事業者の質は担保されていきますが、それでも小規模な小運送業者が依然として多かったこともあり、鉄道省（現・国土交通省）は大正15（１９２６）年に小運送事業者の統合を進めました。

鉄道省が主導した小運送事業者の再編成によって、昭和３（１９２８）年に内国通運・国際運送・明治運送の大手３社が合併します。３社の合併によって、新会社として国際通運が誕生したのです。

国際通運は昭和12（１９３７）年に半官半民の日本通運へと改組します。これは国内最大手の物流企業である国際通運は、国防にかかわる業務を多く引き受けていたからです。

日本通運は昭和16（１９４１）年に、政府の方針に基づいて第一次日通統合と呼ばれる小運送事業者６社の統合を実施しています。この統合によって、日本通運は国内の物流を独占する国策企業になりました。

小運送を独占した日本通運は、その後も小運送事業者を統合する計画を立てていましたが、敗戦によって統合計画は中止になります。さらに日本通運の運命を大きく変えたのが、連合国軍民間運輸局からの指令です。民間運輸局は日本経済の民主主義化に取り組み、日本通運は民間企業へと体質変換を迫られたのです。

独占市場を築いていた日本通運が強制的に民間企業になったことで、小運送事業者の競争が再び起こりました。また、日本通運の民間企業化により、多くの事業者が小運送業務へと新規参入しました。

その一方で、戦災復興期の日本は道路の整備が進んでおらず、自動車の保有率も高くありません。これらは高度経済成長期に入って一気に改善されていきますが、連合国軍は貨物取扱量が少ないことに不満を抱き、近距離輸送を鉄道から自動車へと切り替えることを奨励しました。こうした連合国軍の方針も重なって、小運送の主力がトラック輸送へと移っていくのです。

トラック輸送は戸口から戸口への輸送が可能です。当時は代理店へと持ち込んで配送を依頼するのが一般的でしたが、小運送の主力がトラックへと移るにしたがって、配達を依頼する人は、鉄道駅まで運ぶ手間がなくなりました。これが手軽に利用できるという心理的なハードルを下げ、宅配便の需要拡大を後押ししていきました。

高速化・コンテナ輸送で鉄道輸送強化

トラック輸送が活況を呈すると、大運送だった鉄道貨物は役割を失っていきます。それまでの宅配は発送主→小運送→大運送（鉄道貨物）→小運送→受取主といった流れでした。

小運送から大運送への輸送手段は、主に荷馬車・オート三輪・小型三輪トレーラーと変わり、少しずつ輸送スピードや大量輸送が可能になっていました。戦後はアメリカ軍の払い下げトラックなども使用されていましたが、台数は少なく、主力にはなりませんでした。

高度経済成長によってトラック輸送が普及すると、発送主→小運送→受取主といった具合に中間で物流の幹線機能を果たしていた鉄道貨物が不要になります。こうして、トラック輸送に押されて、鉄道貨物は冬の時代へと突入していくのです。

鉄道貨物は戸口から戸口までといった小回りではトラック輸送に勝ち目がありません。しかし、東京—大阪といった都市間輸送なら太刀打ちできます。そこで国鉄は鉄道貨物の売上を維持しようと、貨物列車の高速化に取り組みました。まだ高速道路が開通していない時代ですから、輸送のスピードを上げることで国鉄は長距離の貨物需要をトラックから取り戻そうとしたのです。

昭和29（１９５４）年、有蓋車のワム９００００形が登場。ワム９００００形はそれまでの貨車より車両内の振動が抑えられる性能を有していたので、荷崩れを抑制・防止する効果がありました。ワム９００００形を導入することによって、それまで時速65キロメートルだった貨物列車の最高速度は時速75キロメートルにまで引き上げられます。

昭和34（１９５９）年にはコンテナ特急のたから号が、汐留駅—梅田駅間で運行を開始。

ワム90000形車両

たから号は鉄道貨物の高速化に寄与し、その後も技術革新で貨物列車の運行速度は段階的に引き上げられていきました。昭和40（１９６５）年には、時速１００キロメートルでの運行が可能になっています。

また、国鉄はコンテナ化を進めると同時にパレット化にも取り組みました。パレット化は貨車への積み込みや積み卸しをフォークリフトで作業できるので、荷捌き時間の短縮・効率化につながりました。

国鉄はコンテナ化とパレット化に取り組むことで鉄道貨物の機械化・合理化を目指しました。そして、昭和30（１９５５）年に２・５トン積みのコンテナを試作。たから号が運行を開始する昭和34年には5トンのコンテナを開発しています。たから号の運行はコンテナ列車の復活につながり、再び鉄道貨物が盛り上がりを見せました。
たから号の復活を機に、国鉄の貨物のコンテナ輸送・パレット化は加速していきました。
昭和45（１９７０）年には私有コンテナ制度を発足。企業がコンテナを所有することで、輸送スケジュールの弾力化を図れるようになりました。

環境に優しい鉄道貨物

貨物列車の運用効率向上は国鉄にとって至上命題でしたが、トラック輸送に頼れない重電メーカーにとっても課題になっていました。特に変圧器輸送用の大物車と呼ばれる重要品専用貨車は、各メーカーが自社保有していたことから車両の構造が異なり、運用効率が低いという課題を抱えていました。

日本通運は、重電メーカーの貨物輸送を請け負っていました。そのため、メーカー各社に対応可能な汎用型大物車を昭和46（１９７１）年に設計・開発します。汎用型大物車第1号となったシキ６１０は、三菱電機の伊丹製作所で製造した変圧器を中国電力の新徳山変電所まで輸送しました。

昭和48（１９７３）年には１５０トン級の汎用大物車であるシキ８００が運行を開始。シキ８００は空車時に時速75キロメートル、積車時に時速45キロメートルでの走行が可能だったため、鉄道貨物のスピードアップが進みました。

その後も日本通運は大物車の開発を進め、昭和50（1975）年にはシキ1000を、翌年にはシキ850を登場させます。シキ1000は55トン積みの大物車で、積車時でも時速75キロメートルでの走行が可能でした。

シキ850は積車時の時速が65キロメートルで、シキ1000と比べると遅いのですが、積載量は115トンと重い変圧器を運ぶことができました。

国鉄と日本通運は、こうした取り組みを繰り返して貨物輸送量の向上を図りました。しかし、こうした大物車は日本の工業化を支えた一方で、運行回数は決して多かったわけではありません。たまにしか運行されない大物車は、トラック輸送の波には立ち向かえませんでした。

すでに昭和41（1966）年には鉄道貨物とトラック輸送のシェアが逆転していました。その後も鉄道貨物離れを止めることはできず、鉄道の小口貨物輸送を再興するべく、通運業界からの要望を取り入れる形で昭和53（1978）年から混在貨物列車のスワロー号の運行を開始しています。それでもトラック輸送からシェアを奪うことはできず、鉄道貨物は下火になっていきました。

鉄道貨物の衰退が続く中、昭和62（1987）年に国鉄は分割民営化されます。国鉄は地域別の６社に分割されましたが、ＪＲ貨物は全国一社体制になりました。そして、旅客各社の線路を間借りする方式が採用されています。

ＪＲ貨物がややこしい会社になった理由のひとつには、分割民営化の議論で鉄道貨物は歴史的な使命を終えたと総括され、不要論が根強かったことに起因しています。そのまま安楽死のように鉄道貨物は幕を下ろすことも検討されましたが、長距離輸送の需要に対応するための存続論もあり、なんとか鉄道貨物は生き残りました。

長らく、日が当たらなかったＪＲ貨物ですが、平成10年代に入って再び転換期を迎えます。平成９（１９９７）年に開催された第３回気候変動枠組条約締約国会議（ＣＯＰ３）で先進国の温室効果ガス削減目標が定められたからです。

これを受け、日本でも政府が主導してCO_2削減が推進され、民間企業にも環境意識の高まりが見られました。そしてCO_2削減という社会的な追い風を受け、鉄道業界もにぎやかになります。なぜなら、鉄道貨物はCO_2の排出量が少ない輸送手段だったからです。

国土交通省は、鉄道貨物や船舶といった輸送手段を活用したモーダルシフトを積極的に推進。それに呼応して佐川急便やヤマト運輸といった大手物流事業者が、率先して鉄道貨物へと軸足を移していくのです。

例えば、佐川急便は平成16（２００４）年からスーパーレールカーゴの愛称で親しまれるM250系電車の運行を開始。M250系は世界初の貨物電車でもあり、東京―大阪間を約6時間で結んでいます。これはトラックよりも所要時間が短く、当然ながら輸送量も多いので効率的な輸送方法として注目されました。

クロネコヤマトの宅急便でお馴染みのヤマト運輸は、京都府京都市を走る京福電鉄の路面電車を活用。ヤマト運輸が始めた路面電車による配送は、厳密には貨物輸送ではなく荷物輸送という位置付けのようですが、それでも従来はトラック輸送が有利とされた近距離の輸送に路面電車を用いたことは大きなインパクトがありました。

近年はアマゾンや楽天といったネット通販が隆盛し、物流の取扱量は増加しています。また、トラックドライバー不足という問題も深刻化していることも鉄道貨物にはプラス材料になっています。

一時期、鉄道業界からもJR貨物は安楽死させようという雰囲気が漂っていました。しかし、最近になって鉄道貨物の重要性が再認識されるようになり、改めて鉄道が人々の生活に深く入り込むようになっています。

第2章

戦争は鉄道をどう動かしたのか？

1　軍にコントロールされる鉄道

平成まで続いた通行税

昭和13（1938）年、近衛文麿《このえふみまろ》内閣は日中戦争の激化を受けて国家総動員法を施行します。同法は国民を統制下に置くことで戦時体制を強化する目的があり、当然ながら鉄道にも大きな影響を与えました。

実は同法の影響がすぐに現れることはなく、施行直後は特に鉄道事業者も困ることはありませんでした。しかし、それは数年後に表面化していきます。同法により工作機械の生産は軍需用が優先されるようになったからです。鉄道省は自前の工場で部品を製造するしか術がなくなりますが、自前の工場は工員不足で満足に操業できない状態になっていました。そのため、鉄道車両のメンテナンスは行き届かなくなり、故障やトラブルが頻発するのです。

こうした中、政府は昭和15（1940）年に通行税を制定します。これは旅客利用を抑制する目的を含んでいましたが、要するに軍事費を捻出するための新たな財源確保でした。

実は通行税が制定されたのは、この時が初めてではありません。それ以前にも日露戦争の戦費調達を目的に明治38（１９０５）年に制定されています。この時に制定された通行税は役目を終えたとして、大正12（１９２４）年に廃止されました。政府は日中戦争を機に通行税を臨時的に復活させ、それが恒久財源化したのです。

新たに制定された通行税は、一等・二等の全乗客と50キロメートル以上を移動する三等の乗客に課された税金でした。通行税は戦時体制の強化を図る目的を含んでいましたが、終戦後に廃止されませんでした。それどころか、三等の乗客にも通行税が課されました。

戦後間もない頃は通勤で鉄道を利用する人は少数でしたが、それでも大正期から少しずつ増加していました。鉄道を使った通勤は、贅沢とみなされていたのです。労働意欲を削ぎかねない通行税でしたが、昭和35（１９６０）年に課税対象は一等運賃と料金だけが対象に切り替わりました。こうして通行税は少しずつ緩和され、昭和44（１９６９）年に国鉄がモノクラス運賃を導入するにあたって庶民への影響が大きいことを理由に運賃に適用しないことを決定しました。

それまでの鉄道は車両を一等車・二等車・三等車といった具合に等級に分けて、その等級によって別々の運賃を設定していました。これを等級制と呼びます。

対してモノクラス制は、多少の例外措置はありますが原則的に移動距離に比例して運賃が上がるシステムです。今ではモノクラス制が一般的になっているので等級制とモノクラス制の違いはわかりにくくなっていますが、移動距離によって算出される「運賃」に対して、指定席やグリーン車、寝台車といったデラックスな席（車両）は「乗車料金」という形で追加料金を徴収しています。

国鉄がモノクラス制を導入して運賃に通行税をかからなくしても、グリーン車料金や寝台料金に通行税は課されていました。つまり、グリーン車や寝台車は日常生活で使わず、その使用は贅沢である、という政府見解が通行税から見えるのです。

通行税が撤廃されるのは、平成元（１９８９）年に消費税が導入されるタイミングまで待たなければなりません。消費税の導入にあたり、通行税は二重課税にあたるという理由から廃止されました。

消費税導入にあたり通行税が廃止されるという措置は、鉄道利用者への税負担が軽減されたように見えます。しかし、消費税は普通車の利用客、つまり運賃だけで鉄道に乗車している人たちにも課されるので、実態は広く薄く徴収するということです。これは庶民に重い負担になります。

鉄道事業者の統合

戦争は通行税という形で利用者、つまり庶民の家計に影響を及ぼしました。それでは鉄道事業者にはどんな影響を与えたのでしょうか？　軍部は戦争に勝利するためには燃料の確保が不可欠とし、それを政府に要求します。政府は軍部に燃料を優先的に回さざるを得なくなり、燃料の効率的な利用という観点から乱立する私鉄の統合を模索しました。

そして国家総動員法が施行された同年に、鉄道・軌道（路面電車）・バスなど半強制的に合併・統合する陸上交通調整事業法を施行しています。

同法は施行するタイミングが戦時体制への突入時期と重なっていたことから、国家総動員法と結びつけて語られることが多いのですが、それとは無関係とする見方が強く、むしろ事業者側から望まれた法律だとも言われます。

なぜなら、昭和10年頃から多くの地域で中小の鉄道・軌道（路面電車）・バスが乱立して、それぞれが利用客の争奪戦を繰り広げていたからです。そのまま乗客の争奪戦が激しくなれば、経営体力が奪われて破綻してしまう交通事業者が出ることが予測できました。

特に東京近郊・富山県・大阪近郊・香川県・福岡県といった交通事業者が乱立する地域では、競争が激化していました。

東京近郊では、東京地下鉄道と系列の京浜地下鉄道、そして両社と覇権を争っていた東京高速鉄道の3社が統合することになり、国が4、東京市が1、私鉄が1の割合で出資した帝都高速度交通営団（営団地下鉄）が発足します。

こうして各社がバラバラに建設・運行していた東京の地下鉄は、営団地下鉄の発足によって地下鉄の運行・管理・建設が一元化されました。

私鉄も昭和17（１９４２）年に京浜電鉄・小田原急行電鉄・東京横浜電鉄の3社が統合して東京急行電鉄が誕生。それから2年遅れた昭和19（１９４４）年には、京王電気軌道も統合させられています。

東京と同じく私鉄が乱立していた大阪近郊では、昭和15（１９４０）年に大阪―和歌山間を競っていた南海鉄道と阪和電気鉄道が合併します。両者は昭和初期から大阪・浜寺の海水浴客を奪い合うほど熾烈な競争を繰り広げたライバルでした。

阪和電気鉄道は南海鉄道の山手線になりましたが、合併して間もない昭和19年には山手線が戦時買収されて国有化されます。そして、名称も阪和線に改められました。その直後に今度は南海鉄道と関西急行鉄道が合併して、近畿日本鉄道（近鉄）が発足します。

東京・大阪といった大都市で鉄道事業者が乱立することは想像しやすいでしょう。しかし、富山県と香川県、福岡県といった地域でも鉄道事業者が統合させられています。

富山県は富山電気鉄道を中心に加越鉄道、富山県営鉄道、黒部鉄道、越中鉄道、富山市営軌道の6社を合併させて、新たに富山地方鉄道が発足しました。富山県は決して人口が多い県ではありません。それでも、これほど鉄道事業者が乱立し、鉄道ネットワークが充実していたのです。

香川県では県都の高松市を中心に讃岐電鉄と琴平《ことひら》電鉄と高松電気軌道の私鉄3社と官営鉄道が競合していました。これらが陸上交通調整事業法によって統合。昭和18（1943）年に高松琴平電気鉄道となりました。

一方、「こんぴらさん」の愛称で親しまれる金刀比羅宮にも、アクセス路線として琴平急行電鉄と琴平参宮電鉄の私鉄2社、それと高松琴平電気鉄道の琴平線になった琴平電鉄、さらに官営鉄道の計4者による利用客争奪戦が繰り広げられていました。地方都市において4者が競合することは過当競争とも受け止られ、陸上交通調整事業法による統合が模索されましたが実現しませんでした。

琴平急行電鉄は、昭和19年に不要不急路線に指定されて運行を休止。戦後の昭和23（1948）年には琴平参宮電鉄と合併しますが、その後も電車が走ることはなく、昭和29（1954）年に正式に廃止されました。

琴平急行電鉄を合併した琴平参宮電鉄も昭和38（1963）年に鉄道事業から撤退して、以降はバス事業に専念しています。そのバス事業を受け継いだ法人も平成21（2009）年に解散しました。

福岡県は福岡市や北九州市といった政令指定都市を2つも抱え、総人口も約509万9

000人と47都道府県では9番目に人口が多い県です。戦前期も人口は多く、九州電気軌道・九州鉄道・博多湾鉄道汽船・福博電車・筑前参宮鉄道の有力5社が覇権を争っていました。

しかし、福博電車と九州鉄道は東邦電力という親会社を持ち、東邦電力は九州電気軌道と電気事業をめぐって激しい顧客争奪戦をしていた過去がありました。そうした経緯もあり、政府は5社による統合は難しいとの見解を示していました。

ところが、昭和13（1938）年の電力国家管理法の施行を機に電力の発電・送電が国家管理の影響を強くすると事態は急展開します。

東邦電力は電力事業の存続を断念し、その親会社の意向から九州鉄道と福博電車は九州電気軌道への統合を承諾。昭和17年に5社が合併して西日本鉄道が発足するのです。

九州一円どころか福岡県内だけにしか路線を持たないのに、〝西日本〟鉄道という大きな社名になったのは、統合を機に広島県付近にまで進出するという意図が込められていました。

そうした広大な構想を温めていた矢先、博多湾鉄道汽船の糟屋《かすや》線と筑前参宮鉄道の宇美《うみ》線は石炭輸送を主な使命にしていたことから昭和19年に国鉄に戦時買収されてしまいます。糟屋線は香椎《かしい》線になりました。宇美線も勝田《かった》線になりましたが、昭和60（1985）年に廃止されています。

金属供出の憂き目にあった御殿場線と関西本線

政府の統制下に置かれたのは、私鉄だけではありません。官営鉄道にも及びました。軍部は、戦時に鉄や銅といった兵器や弾薬の製造に必要な金属が不足することを懸念。国家総動員法によって家庭で使う金属類は回収対象になっていましたが、昭和18（1943）年に公布された金属類回収令によってその流れは加速し、それは鉄道の線路や車両にも及びました。

政府は昭和18年に金属供出を目的に全国で利用者が少ない路線を不要不急線に指定します。指定された路線は、線路が撤去されていったのです。線路が撤去されたら、当然ながら列車を走らせることはできません。いわば、不要不急線の指定は鉄道にとって〝死刑宣告〟でした。

神奈川県の国府津《こうづ》駅と静岡県の沼津駅を御殿場《ごてんば》駅経由で結ぶ御殿場線は、不要不急線に指定されましたが複線だった線路は片側を剥がされて強制的に単線化されて辛うじて生き残りました。終戦後も御殿場線の線路が複線へと戻されることはなく、単線のままになっています。

複線時代の名残が残る御殿場線

御殿場線と同じように、不要不急路線に指定されて強制的に廃線もしくは単線化させられた路線はほかにもあります。関西本線の奈良駅―王寺駅間の約15・4キロメートルは昭和19（1944）年8月に単線化という憂き目に遭いました。関西本線は東海道本線とは別ルートで名古屋と大阪を結んでいますが、山間地を走るので沿線人口は多くなく、それが不要不急に指定された理由です。

そもそも関西本線には、いまだに単線区間・非電化区間が残っています。御殿場線と並べて比較するには、両者には差があります。

それでも関西本線は昭和36（1961）年に段階的に再複線化が進められ、戦時の金属供出で単線化した奈良駅—王寺駅間は元に戻されています。

一方、御殿場線は昭和43(1968)年に全線が電化しましたが、再複線化することはありませんでした。御殿場線は松田駅で小田急線と線路がつながっており、小田急ロマンスカーが乗り入れていました。

2 戦時設計と桜木町事故の悲劇

買収国電と戦時設計

明治39(1906)年に施行された鉄道国有法によって、甲武鉄道(現・中央線)や日本鉄道(現・東北本線や高崎線、常磐線など)などの幹線機能を担う私鉄17社が買収されました。政府が買収した私鉄は官営鉄道になり、以降は政府のコントロール下に置かれて軍事輸送でもフルに活用されていきます。

昭和期に入ると、再び私鉄を国有化してコントロール下に置こうとする動きが活発化します。昭和13(1938)年に施行された国家総動員法を根拠に、政府は軍事・物資輸送の面から重要と思われる私鉄全路線もしくは私鉄の一部路線の買収を進めます。

明治期に国有化された私鉄群と区別して、国家総動員法によって買収された私鉄は買収国電と呼ばれます。

買収国電は地方の私鉄を買収しているようなケースが大半を占めました。例えば、山口県宇部市と小野田（現・山陽小野田）市を走る宇部鉄道です。宇部には炭鉱があり、それらを運搬する目的で3社の鉄道会社が設立されました。その3社は昭和16（１９４１）年に統合して宇部鉄道が誕生します。宇部鉄道が誕生したのも束の間、昭和18（１９４３）年には政府に買収されて宇部線と小野田線になりました。

また、京浜工業地帯の工場群に物資を輸送する目的で開業した鶴見臨港鉄道は昭和18年に、鶴見臨港鉄道と接続して原料を輸送していた南武鉄道は昭和19（１９４４）年にそれぞれ買収されて鶴見線・南武線になっています。

鉄道路線が戦争の影響を受けているのと同様に、鉄道車両そのものも戦争の影響を大きく受けました。政府は金属類回収令を出して、公園などに建立された銅像や家庭にある鍋などを供出させました。鉄道車両も鉄や銅といった多くの金属を使います。鉄道車両や船を完全に木や竹、合成樹脂といった代用品へと置き換えることはできませんが、少しでも工夫して金属類の部品を木や竹で代替すれば、その削減分の金属類を戦闘機や軍艦へとまわすことができます。

車両製造で節約された銅は昭和14（１９３９）年が18パーセントでしたが、昭和17（１９４２）年には50パーセントに達しています。それほど鉄道業界も金属供出という面で戦争に協力していたのです。

戦時には金属類回収令によって資源のリサイクルが推進されたわけですが、鉄道部品や資材のリユースも積極的に実施されました。

こうした取り組みが加速する中、鉄道事業者も資材が入手困難になったことから車両をできるだけ廃車にしない方針を強くしていきます。鉄道事業者は無意識にリデュースにも取り組んでいたのです。

金属類を木や竹、合成樹脂といった代替品で設計した鉄道車両は、戦時設計と呼ばれました。

戦時設計が招いた悲劇・桜木町事故

戦時設計車両は日を追うごとに節約思考が強くなっていきます。

昭和19（１９４４）年、運輸通信（現・国土交通）省は材料を節約しつつ大量輸送が可能な63形電車を開発します。63形電車は戦火が激しくなる中でも増え続けていた通勤需要に対応する目的で開発されました。

63形電車は資材の節約が図られていることは当然のことながら、量産がしやすいように構造も単純化し、ものづくりの経験がない工員でも組み立てられるようになっていました。また、雨樋《あまどい》など運行上に支障がない部品も省略されています。

63形電車は鉄道マニアには知られた存在ですが、一般的には馴染みがありません。そのため、戦時設計と言っても数少ない例外なのでは？　と思うかもしれません。

しかし、戦前から戦後にかけて大量に製造され、ＳＬの代名詞にもなっているデゴイチことＤ51にも戦時設計の車両が存在します。

Ｄ51は後に新幹線開発プロジェクトを支えた島秀雄《しまひでお》が開発し、昭和11（１９３６）年から車両の製造が開始された優れた性能を有する蒸気機関車です。製造を始めた頃は日中戦争が開戦していません。ですので、特に資材を節約する必要はなく、戦時設計を求められることもありませんでした。

その風向きが変わるのは、昭和19（１９４４）年からです。前年にはＤ51が牽引する特急つばめの運行が停止されるなど、鉄道における戦時体制は日に日に強まっていました。

Ｄ51は金属を節約するために、除煙板や炭水車の一部を木製に代替しました。戦時設計された車両は、あくまでも戦争が終結するまでのつなぎでした。そのため、耐久性を考慮した設計・製造はされていません。言うならば粗悪品の車両です。

日本の無条件降伏によって昭和20（1945）年に第2次世界大戦は幕を閉じますが、終戦後も戦時設計された鉄道車両は残り、あちこちで走り続けました。

その理由は、敗戦国の日本には戦時賠償や補償が課され、鉄道に回せる財源がなかったからです。また、国土の再建を急がなければならず、それにも多額の資金を投じなければならない状態でした。

戦争によって使用できなくなった鉄道車両も大量にありました。戦時設計された鉄道車両は粗悪品ではありましたが、走ることができない状態ではありません。戦時設計車両を廃棄してしまったら、鉄道車両が不足し、鉄道の運行は不可能になってしまいます。そうした事情を鑑み、「まだ使える」車両は引き続き使用することになったのです。

粗悪品の車両は、当然ながら悲惨な鉄道事故を引き起こしました。それが昭和26（1951）年に起きた「桜木町事故」です。

同事故は桜木町駅で発生した火災によって死者106人、負傷者92人を出した鉄道史に残る列車火災です。桜木町事故で炎上したのは、先にも触れた63系電車でした。63系電車は屋根や内装に木を用い、可燃性塗料を使用していたので車両が燃えやすくなっていました。

そのほかにも、節約のために窓も小さなガラスを3枚一組にした3段窓という構造で、

桜木町事故

中段のガラス窓が開かない仕様になっていました。窓が開かないために車外に脱出できず、それが死者を増やす原因になりました。

そして桜木町事故を起こした63形電車は早急な対策が求められ、昭和28（１９５３）年までに安全性を向上させる改造が施されます。改造された63形電車は、モハ72形やモハ73形へと改番しています。

戦争によって貴重な原材料を節約するという世間のトレンドは、私たちに欠かすことができない住宅にも及びました。昭和16（１９４１）年に海軍からの依頼で建築家の坂倉準《さかくらじゅん》三《ぞう》が戦争組立建築を試行します。戦争組立建築は構造を簡素にして規格化することで、熟練の職人でなくても少ない日数で住宅を建てられるという思想から生まれました。つまり、住宅の量産化を目指した取り組みですが、その背景には戦争によって職人や住宅建材として使用する木材などが不足することが想定されていたからです。

戦争組立建築は終戦後も復興建築として生産が続けられていきますが、建築技術の向上などにより進化を遂げていきます。建築家の前川《まえかわ》國男《くにお》は住宅を大量生産することを考え、プレモスという新しい発想の住宅を考案しました。プレモスはプレハブの「プレ」と前川のM、共同開発者で東京大学第二工学部（現・工学部）教授の小野薫のO、山陰工業のSを組み合わせた造語です。

前川と同じような発想で住宅の量産化を目指したのが、建築家の浦辺《うらべ》鎮太郎《しずたろう》です。浦辺は倉敷レイヨン（現・クラレ）に勤務して、戦時中は木製飛行機の開発・設計に携わっていました。戦後、その研究開発で培われた技術をクラケンと呼ばれる住宅の生産に転用していきました。

前川が考案したプレモスは戦後に全国で５０００軒ほど建てられ、それはプレハブ建築の技術向上へとつながっていきます。一方、戦火で多くの住宅が焼失してしまったことを受け、行政や住宅メーカーは木造建築から燃えにくい鉄筋コンクリート造・鉄骨造の住宅へ軸足をシフトさせていきます。

すでに東京工業大学の田辺《たなべ》平学《へいがく》教授によってプレコンと呼ばれる工場内で打設されたコ

ンクリート製品を用いて建築する手法の開発が昭和14（1939）年から始まっていました。プレコンは建築・建設関係の事業者だけではなく、多くのメーカーから注目を浴びます。

トヨタ自動車は昭和25（1950）年に施設部のプレコン工場をユタカプレコン（現・トヨタT&S建設）として独立させて、同社は戸建住宅事業へと参入したのです。

住宅の規格化・簡素化によって量産することを目指した住宅関連の技術は、その後にプレコンとして発展を遂げ、それは東京駅の丸の内本屋戦災復興工事の現場各所でも用いられました。

戦争という危機は、多くの建築家が住宅を考えることになり、それが住宅生産の技術を高めました。住宅生産の技術向上は長期的な視点で見れば、住宅難を解消することにつながりますが、終戦直後の住宅不足はそうしたことで解決できません。住宅を失った人たちにとっては、生産技術うんぬんよりも、とにかく雨風を凌げる家が欲しいのです。

京都府京都市は昭和29（1954）年に不要になった市電の車両を10両並べて、電車団地を造成しました。京都市電は幅が約2メートル、長さは約6メートルで、電車住宅の間取りは2畳と4畳の2間でした。

電車住宅には、主に母子寮から退出させられた家族が居住しましたが、これらは戦災復興期の住宅不足に対応するための応急処置でした。

京都市以外でも電車住宅が造成されましたが、国鉄から譲渡された車両を用いた列車住宅などもありました。その後、公営住宅や公団住宅などが建設されて住環境の改善が進むと電車住宅・列車住宅は姿を消しました。

3 GHQに支配された鉄道

全国に広がるRTO

昭和20(1945)年8月15日、日本はポツダム宣言を受け入れて第2次世界大戦は終結しました。その直後から連合国軍は日本へと進駐。それらに先立って、連合国軍は将官・士官が使用するオフィスや家屋を用意するように日本へと伝達しています。

時間的な余裕がなかったこともあり、連合国軍は公共建築物のみならず民間企業・民間人からもオフィスや家屋を接収して、それらを事務所や住宅として使用しました。

連合国軍が接収した建物や土地は日本全国にわたっています。進駐した兵士たちは日本全体で41万7000人を超え、なかには家族を日本へと呼び寄せている幹部もいました。

家族を呼び寄せれば、当然ながら子供を通わせる学校なども用意しなければなりません。進駐軍を受け入れる日本側は重い負担を強いられたのです。

将官・士官クラスの幹部たちには個別に住宅があてがわれましたが、下級兵士たちは集合住宅で暮らしました。東京近郊には、たくさんの兵士を受け入れられる兵舎はありません。また、新たに宿舎を建てるスペースもありません。

連合国軍が集合住宅を建設するための用地として標的にしたのが、軍事施設と皇室用地です。東京は帝都を称するだけあり、広大な皇室用地が点在していました。軍用地も広大な土地がありました。

東京都港区の歩兵第一連隊と第三連隊は、道路を挟んで向かい合って立地していました。広大な陸軍用地はすぐに接収されて、ハーディー・バラックスと呼ばれるアメリカ軍基地に転用されます。

現在、国会議事堂の前庭として使用されている用地にはリンカーンセンターと呼ばれる進駐軍の家族用集合住宅棟が、最高裁判所や国立劇場などが立地している場所にはパレスハイツと呼ばれる住宅群が、衆議院・参議院の議長公邸にはジェファーソンハイツと呼ばれる住宅群が建設されました。

これらは都心部に建設されていることからも、地位の高い軍人が住んでいます。また、

ワシントンハイツ空撮

渋谷区代々木にはワシントンハイツ、少し郊外になりますが板橋（現・練馬）区の成《なり》増《ます》飛行場跡地を整備したグラントハイツなどにも大きな住宅地が造成されました。

都心部に立地していた連合国軍の住宅群は時代が下るにつれて、少しずつ郊外へと移転していきました。

幹部は郊外から自動車を使って都心部の事務所へ通勤していましたが、多くの兵士たちは列車に乗って通勤していました。

８２７戸が建設されたワシントンハウスは代々木に立地していたこともあり、電車に乗って連合国軍のオフィスがある丸の内エリアまで通うことは決して面倒ではありません。

一方、郊外の集合住宅で暮らす兵士たち

は交通に不便を感じさせないように、連合国軍が鉄道をコントロール下に置く第3鉄道輸送司令部という機関を設置しています。

その下部組織には地区司令部があり、さらに窓口機能を担う鉄道運輸事務所のＲＴＯ（Railway Transportation Office）が主要駅に開設されました。

ＲＴＯは終戦間もない9月15日に東海道貨物線の横浜港駅、青梅線の西立川駅、古江（後の大限）線の鹿屋《かのや》駅の３駅に開設されたことを端緒に全国へと広がっていきます。

ＲＴＯの設置は3駅から始まりましたが、青森駅・盛岡駅・秋田駅・仙台駅・新潟駅・東京駅・新宿駅・京都駅・大阪駅・三ノ宮駅・博多駅・長崎駅・佐世保駅などが追加されていきました。その後もＲＴＯ設置駅は拡大し、最終的に旅客・貨物合わせて２２６駅にＲＴＯが設置されています。

東武東上線を走る連合国軍専用列車

ＲＴＯが設置された駅の中には、一般乗客が使用する待合室と連合国軍専用待合室とを区別する駅もありました。２つの待合室は壁で完全に仕切られ、別空間のようになっていたのです。

駅の待合室が明確に区切られているわけですから、列車も連合国軍の関係者と一般乗客では別々の車両に乗らなければなりませんでした。当初は連合国軍の車両を連結する形で列車は運行されていましたが、連合国軍関係者の利用が増えていくと、連合国軍の専用列車も走るようになります。

そうした連合国軍専用列車は日本の都合などお構いなしに、自分たちの意のままにダイヤを調整しています。それを象徴するのが東武鉄道の東上本線《とうじょう》です。東上本線は、東京都豊島区の池袋駅と埼玉県寄居町《よりいまち》の寄居駅とを結ぶ路線で、一般的に東上線と呼ばれます。

東上線の朝霞《あさか》駅周辺は、戦前期に陸軍予科士官学校や東京陸軍被服支廠など軍関連の施設が多く立地し、それらは戦後に接収されてキャンプ・ドレイクへと姿を変えました。

キャンプ・ドレイクには多くの兵士が居住し、都心部のオフィスへと通勤していました。そうしたキャンプ・ドレイクから都心までの通勤をサポートするため、東武鉄道は昭和21(1946)年から連合国軍専用の通勤列車を運行しています。連合国軍専用の通勤列車は1日6往復のダイヤでスタートしましたが、翌年には1日26往復に増便されました。

専用列車が増便されると、当然ながら沿線住民が利用する列車は割りを食って減らされます。

同じく、連合国軍に接収された成増飛行場は建物数が700超、入居者数が1000人超というグラントハイツへと姿を変えました。

グラントハイツは最寄駅が成増駅になりますが、徒歩15分以上の距離があります。時間感覚がのんびりしていた当時でも、これは交通アクセスがいいとは言えない距離でした。そうした不便を改善する目的で、昭和21年に上板橋《かみいたばし》駅から分岐してグラントハイツ駅まで延びる約6・3キロメートルの啓志《けいし》線が開業しています。

啓志線は、昭和18（1943）年に成増飛行場へ物資を輸送するための路線として建設が始まっていますので、グラントハイツに居住する連合国軍兵士の通勤だけを目的にして新たに建設されたわけではありません。

しかし、上板橋駅から分岐していた線路は途中までで途切れていました。連合国軍がグラントハイツを造成するのにあたり、線路を延伸させて通勤に使えるようにしたのです。グラントハイツ駅―上板橋駅―池袋駅を走る列車は、約30分間隔で運行されました。

現在の東上線は池袋駅までしか運行していません。そこから先は、山手線や東京メトロなどに乗り換えなければなりません。しかし、連合国軍は乗り換えの手間と時間を省くために、東武と山手線の線路をつなげて、そのまま列車を乗り入れできるようにしたのです。

啓志線の旅客運転は昭和23（1948）年に廃止されて、以降は貨物列車のみになっていました。その貨物列車も昭和32（1957）年に運行が終了。キャンプ・ドレイクから兵士の通勤用に運行されていた専用列車も昭和26（1951）年に運行を終了しています。

啓志線を走る列車とキャンプ・ドレイクの兵士たちを対象にした専用列車は、運行期間が短いものの、どちらも日本が敗戦国であることを無意識に可視化させたのです。

ＧＨＱ支配の終焉

連合国軍は鉄道をコントロール下に置きましたが、それが公的な目的で使われるなら、まだ敗戦国だから仕方がないと日本国民も耐えたことでしょう。

しかし、連合国軍の幹部クラスは天皇が乗る専用車両を接収して私用でも使いました。天皇の専用車両は御料車《ごりょうしゃ》と呼ばれ、鉄道当局は戦火で損壊しないように車庫に退避させていました。

終戦後、進駐軍は御料車を差し出すように要求。日本が要求を拒む術はなく、担当者は御料車が眠る東京都品川区の太井工場へと案内しています。

連合国軍の元帥だったマッカーサーは鉄道が嫌いだったこともあり、御料車を必要としませんでした。そのため、接収された御料車は主に第8軍の司令官だったアイケルバーガーが利用します。御料車を組み込んだ第8軍の列車は、「オクタゴニアン号」と名付けられました。

そのオクタゴニアン号は終戦から2か月も経過していない昭和20（１９４５）年10月２

日に東横浜駅で停泊。翌朝は上野駅を経由して日光駅へ行き、そこから仙台駅へと向かいました。アイケルバーガー司令官は東北視察のためにオクタゴニアン号に乗っていましたが、同列車にはマッカーサー元帥の夫人も同乗していました。

西洋諸国では、国家元首や政府高官が夫人同伴で行動をすることは珍しくありません。マッカーサー元帥が夫人を同伴して日光へと足を運んだのなら、その視察は公務の一環とみなすことができるかもしれません。しかし、オクタゴニアン号で日光へ行ったのは夫人だけです。これらも視察と銘打っていましたが、明らかに日光への立ち寄りは慰安・観光の目的が濃い旅行でした。

東北に視察に出る司令官が、そのついでに元帥の夫人を日光へと連れていったとも解釈できますが、それでも宇都宮駅―日光駅間の移動部分は私的利用です。そんなプライベートな旅行に連合国軍は御料車を使ったのです。

こうした連合国軍のふるまいは、昭和27（1952）年にサンフランシスコ平和条約が発効したことで終止符を打ちます。日本が主権を回復させて、全国各地に設置されていたRTOが廃止されたのです。

こうして日本は鉄道も自分たちの手に取り戻しましたが、それでも連合国軍による鉄道支配の後遺症は残りました。

日本は戦時中から機関車不足が深刻化していましたが、終戦後は鉄道が連合国軍の支配下に置かれたこともあり、連合国軍の許可なしで機関車を新造することはできなかったのです。

運輸省は終戦後から鉄道の復興に取り組む算段をつけ、その初手として幹線の電化を計画していました。幹線を電化すれば、輸送量・運転本数の増加に対応できるからです。しかし、アメリカの鉄道は蒸気機関車が主流でした。そうしたことから、連合国軍は電化に対して無理解でした。そして「電化を進めるよりもディーゼル機関車を多く導入することで動力の近代化を図るべき」と指示したのです。そのため、幹線の電化は後回しにされます。

電化の遅れは貨物列車だけではなく、旅客列車の開発にも影を落とします。戦災復興期から高度経済成長期にかけて多くの通勤需要が生まれ、その対応策として国鉄は80系電車の開発を進めました。

その開発にあたっても、国鉄は連合国軍の顔色を窺っていました。こうした連合国の鉄道に対するスタンスが、後に増える需要に四苦八苦する国鉄を生んだ一因にもなるのです。

4 疎開列車と復員・引揚列車

戦災孤児が上野に集まった理由

真珠湾攻撃で幕を開けた太平洋戦争は、昭和17（1942）年のミッドウェー海戦あたりから戦況は反転。日本は劣勢に立たされました。

そうした戦況の悪化は、昭和18（1943）年頃から本土にも漂い始めます。それを裏付けるのが、この年から始まった学徒出陣や学童疎開です。学徒出陣は不足する戦力を補う目的がありました。学童疎開は年端もいかない少年少女たちを退避させることで、将来の戦力を蓄えようとする作戦です。

学童疎開は大都市に集中していた人口を地方に分散することを目的にしていたので、東京・大阪といった大都市から地方都市に向けて子供たちを乗せた疎開列車が多く運転されました。

政府は親戚など縁故者のいる地への疎開を推奨しましたが、実際には学校単位による集団疎開が多く実施されました。そのため、自分とは無縁の地で過ごした少年少女たちが多かったようです。

学童疎開によって親元を離れる少年少女が不安な気持ちで列車に乗っていたことは言うまでもありませんが、そんな不安な心境を政府当局は一顧だにしません。集団疎開で列車に乗っている時も敵機によって攻撃を受ける可能性があるため、列車内でも防空頭巾を携行し、抜き打ちで防空演習が実施されたのです。

学童疎開の規模が大きくなると、それらをスムーズに遂行するために中学生たちが駆り出されます。中学生たちは学童疎開をする子たちの荷物を列車へと積み込む係を命じられて、駅で荷作業に汗を流しました。

学童疎開で遠く離れた地に着いても、そこで安息が訪れるとは限りません。疎開先が危険になることもあり、その際は再疎開をすることもありました。再び列車に乗って遠方の見知らぬ土地へと移動するのですから、少年・少女にとって学童疎開は気持ちが休まる暇はなかったことでしょう。

学童疎開によって命拾いした少年少女たちでしたが、終戦後に実家に戻ってくると父母が死亡しているといった悲劇に直面する子もいました。それら親を戦災で亡くした子たちの多くは親戚を頼ったり、近所の親しい人に世話になるといったことで命をつなぎますが、なかには頼る大人がいない子もいました。

そうした両親を戦争で失った戦災孤児たちは、自然と大都市に集まります。東京では、上野駅周辺に多くの戦災孤児が集まりました。

上野駅周辺に多くの戦災孤児が集まった理由は、複数の要因が関係しています。まず、上野駅が東北や信越地方の玄関駅だったことです。東北・信越地方の玄関駅だった上野駅は、地方出身者には馴染みがあり、いつでも故郷に戻ることができるという気持ちになれたのです。また、同郷の仲間を探すこともできました。

ふたつめの理由が、上野駅から御徒町駅にかけて無法地帯があったことです。上野駅の近くには官営鉄道の変電所があり、それを破壊されることは日本にとって大きな痛手でした。

政府は空襲そのものや空襲に伴う延焼を防ぐため、都市部では大規模な建物疎開を敢行していました。上野駅の近くにあった変電所も建物疎開によって周辺の家屋が取り壊されていたのです。そうした建物疎開によって、上野駅から御徒町駅にかけての一帯は空き地のような空間が出現したのです。

その空き地には自然とバラックや露天商などが集まり、それが無法地帯となりました。無法地帯は治安が悪化しますが、他方で戦災孤児のような存在を受け入れる素地にもなります。そうした環境は戦災孤児にとって好都合でした。

3つめの理由が、上野駅に地下鉄があったことです。官営鉄道の上野駅と地下鉄の駅は地下道を介して連絡していますが、その地下道は雨風もしのげ、戦災孤児の寝ぐらとしては最適な環境でした。

上野駅は多くの人が行き交うターミナル駅でもあるため、戦災孤児が靴磨きをするなど、糊口《ここう》をしのぐ手段も整っていました。また、雑踏を行き交う人たちから金銭や食料を恵んでもらうこともできますし、「モク拾い」と呼ばれるタバコの吸い殻を集めて売るといった行為もしやすかったのです。モク拾いは、ちゃんとした生業に就くことが叶わない戦災孤児には数少ない合法的に生計を立てる手段でした。

また、犯罪行為ではありますが、置き引きや万引きなど生きるための手段を実行しやすかったことも上野に戦災孤児が集まった理由です。戦災孤児は駅にばかり集まったわけではありませんが、それでも人の往来が激しい駅には少なからず食べる手段があったのです。

復員・引揚列車で故郷へ

終戦による混乱で、悲惨な体験をしたのは戦災孤児だけではありません。外地で終戦を迎えた日本兵と民間人は約660万人もいたのです。外地で終戦を迎えた日本兵や民間人は、現地で抑留されるなど無事に帰国できない者も多く出ましたが、政府はGHQの指示

南風崎駅

によって日本兵を帰国させていきます。

外地から帰国した日本兵は、主に京都府舞《まい》鶴《づる》市の東舞鶴駅や長崎県佐世保市の南風崎《はえのさき》駅に到着し、そこから列車で故郷へと戻りました。

多くの人たちを中国大陸・朝鮮半島へと送り出していた舞鶴と佐世保は、戦後に一転して復員・引揚を受け入れる港へと立場を変えました。戦争の前後で運行された疎開列車や復員・引揚列車によって駅前には多くの人だかりができましたが、終戦直後は戦火によって鉄道も機能不全に陥っていて十分にその機能を果たすことができませんでした。

5 GHQの接収で誕生した幻の羽田空港への路線と発展した相鉄沿線

羽田空港の開港

昭和53(1978)年に開港した新東京国際空港(現・成田国際空港)は、長らく東京の空の玄関として機能してきました。

当初、東京都心部から遠い空港といわれてきましたが、近年は鉄道アクセスが向上して所要時間が短縮。開港時とは比べ物にならないほど、アクセスは向上しています。

成田が開港する以前まで、首都圏の空の玄関口は東京国際空港(羽田空港)が引き受けていました。

羽田空港は昭和6(1931)年に東京府荏原《えばら》郡羽田町(現・大田区)に開港。当時は東京飛行場という名称でしたが、当初から羽田空港と通称されていました。

戦前期は、そもそも民間の航空需要がほとんどありません。そのため専用の空港が必要とされることはなく、軍民両用の立川飛行場が空の玄関としての機能を担っていました。

それでも軍民両用空港では有事の際に不便が生じるため、昭和8(1933)年に立川飛行場から東京飛行場へと民間航空の役割が移ります。

といっても、その時点でも民間航空の需要は高くありません。しかし、羽田には穴守稲荷神社があり、多くの参拝客で溢れていました。また、近隣には鉱泉も湧くなど行楽客も多かったのです。

そうした状況に着目した京浜電鉄（現・京浜急行電鉄）は、穴守《あなもり》稲荷神社への参拝輸送を当て込んで、明治35（１９０２）年に蒲田（現・京急蒲田）駅—穴守（現・穴守稲荷）駅間を開業させています。

京浜電鉄が開業したことで、穴守駅の周辺はさらに発展。参拝客を目当てにした飲食店や土産品店などが立ち並び、にぎわいを見せました。

後に阪急の総帥として辣腕《らつわん》を奮い、私鉄のビジネスモデルを築いたといわれる小林一三は京浜電鉄の川崎（現・京急川崎）駅—大師《だいし》（現・川崎大師）駅間に乗車して川崎大師を参拝。その後は渡し船で多摩川を越えて帰路は穴守駅から乗車するという周遊コースを堪能しています。小林は、往路と帰路で異なる行程を楽しめる参拝体験から沿線開発のヒントを得たとも言われています。このように京浜電鉄によって、穴守駅周辺にはにぎわいが創出されていました。そこに羽田空港が開港したのです。

開港当初の羽田空港は延長３００メートル幅15メートルの滑走路が１本しかありませんでした。航空需要が多くないわけですから、これでも十分な設備です。しかし、その設備では航空需要を高められません。そのため、昭和13（1938）年から羽田空港は滑走路の拡張工事に着手。工事が完了して、延長800メートル、幅80メートルの滑走路が2本になりました。

この間、羽田空港周辺は騒がしくなっていました。というのも、昭和12（1937）年に日中戦争が開戦した影響を受けて、近隣にあった羽田競馬場が閉場し、その跡地が軍需工場へと転換されたのです。それを皮切りに、羽田空港の周辺には荏原製作所・明電舎・大谷重工業（現・合同製鉄）といった大企業が立地し、門前町だった穴守駅周辺は一気に軍産複合体の街へと変貌していきました。

京急と羽田空港

羽田空港は幸運にも軍部からの影響は少ないまま終戦を迎えますが、終戦直後から羽田空港は連合国軍の支配下に置かれて連合国軍の影響を受けることになります。羽田空港はHANEDA ARMY AIRBASE（ハネダアーミーエアベース）と呼ばれ、実質的にアメリカ軍の専用空港として使用されることになります。そして、アメリカ軍は羽田空港を拡張するためにまず穴守線を接収します。

複線だった穴守線は、接収直後に京急蒲田駅―稲荷橋駅間の単線運転に切り替えられま

旧穴守線(現空港線)終点変遷

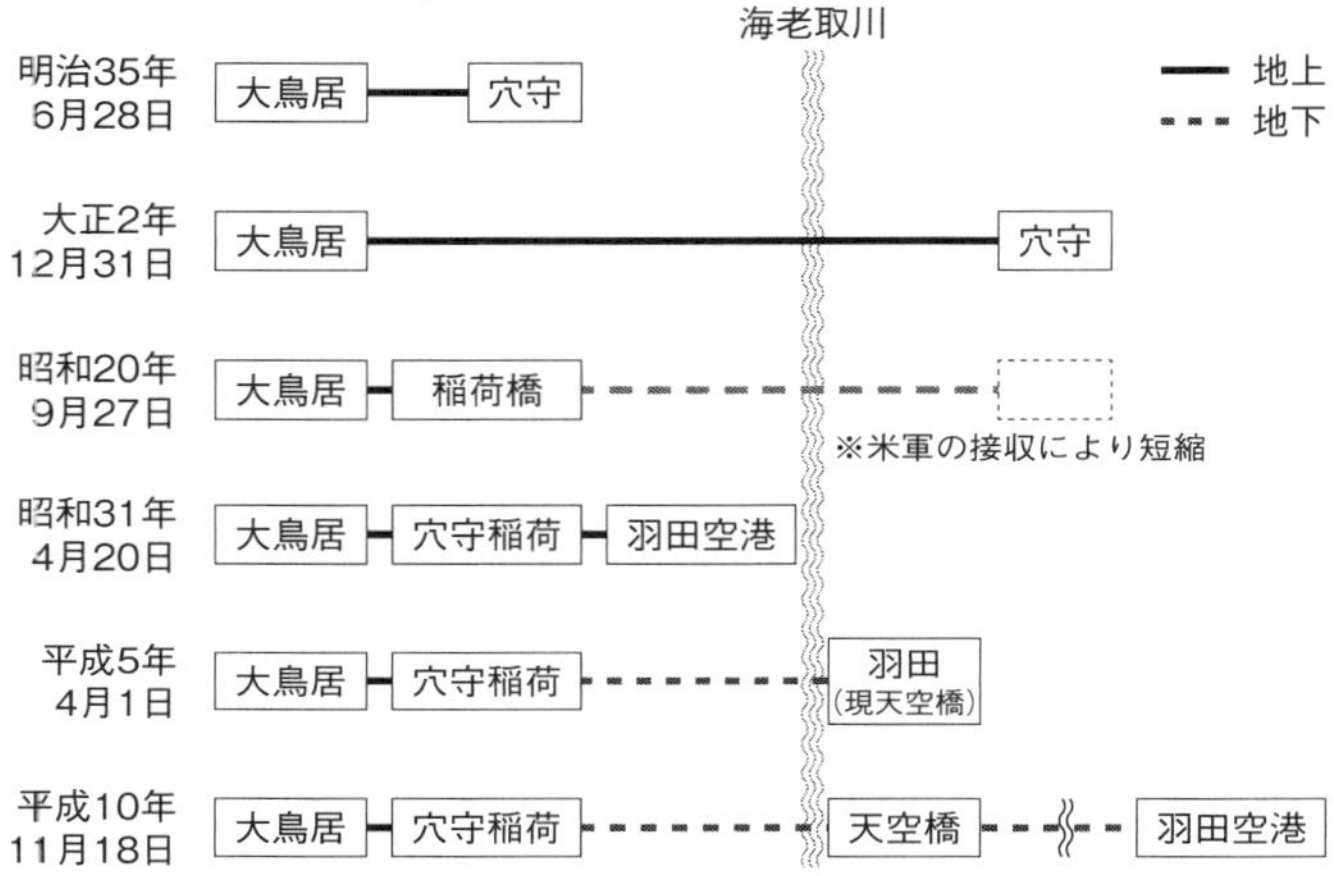

した。もう一本の線路は１０６７ミリメートルに改軌され、官営鉄道の蒲田駅まで延伸。こうした線路改良工事によって、穴守線は京浜東北線と相互乗り入れができるようになったのです。

アメリカ軍が穴守線を接収したのは、東京駅から羽田空港まで乗り換えなしで電車移動ができるようにするという狙いがあったのです。

現在のＪＲ・東急の蒲田駅と京急蒲田駅は約８００メートル離れており、それらの不便を解消するために両駅間を連絡する蒲蒲線《かまかま》が構想されています。蒲蒲線の実現は容易ではありませんが、戦後間もない頃に連合国軍は強権的に蒲蒲線を実現していたのです。

こうした鉄道アクセスの向上を目指して穴

守線は接収されましたが、連合国軍はそれだけで満足しませんでした。穴守線の接収と同時に、海老取川《えびとりかわ》東岸の住民に対して72時間以内に退去するように命じたのです。連合国軍が海老取川東岸の住民に退去を命じたのは、羽田空港を拡張するためです。

戦勝国と敗戦国という絶対的な立場の差があるとはいえ、さすがに「住み慣れた家を72時間で手放して域外に去れ」という命令は乱暴です。しかし、その命令に住民が逆らうことはできません。また、政府も黙認しました。

こうして羽田空港と穴守線はアメリカ軍が自由に使えるような状態が、昭和27（1952）年まで続きます。

日本が主権を回復させて京急線の接収が解除されると、穴守線の延伸と羽田空港の活用が模索されます。昭和31（1956）年には、穴守線が少し延伸して羽田空港駅が開設。しかし、京急線は海老取川を渡ることができませんでした。

それでも、京急は昭和38（1963）年に穴守線を空港線へと改称。羽田空港のアクセス路線であることを広くPRしていきます。これは翌年に開催を迎える東京五輪に向けた準備という側面もありましたが、同じく五輪開催で羽田と都心部の移動手段として整備が進んでいた東京モノレールへの対抗心があったことは否めません。

その後、羽田空港をめぐって京急は空港線で特に動きを見せませんでした。そこには、成田空港の開港を巡る一連の騒動があり、羽田がどうなるのか判然としていなかったからという事情があります。

昭和50年代から羽田空港は拡張と沖合への移転を続けていきました。昭和58（1983）年には、運輸（現・国土交通）省が東京国際空港整備基本計画を決定。同計画は将来的に羽田空港の需要増加が予想されることを見越して、東京モノレール以外の空港アクセス鉄道の整備に言及していました。つまり、これは京急の空港線を延伸させるという意味です。

政府からもアクセス鉄道として言及された京急は、色めきたちました。ビッグチャンスではありましたが、京急の羽田空港への延伸は昭和期には叶わず、平成5（1993）年に京急の線路が海老取川を渡りました。そして、海老取川東岸に羽田（現・天空橋）駅が新たに開設されたのです。

そして平成10（1998）年には、さらに線路が延伸して空港が近づきます。この延伸に伴って羽田空港駅は天空橋駅へと改称。2代目となる羽田空港駅がさらに空港寄りに開設されたのです。

横浜の住宅問題を解決した相鉄

京急と羽田空港は連合国軍の接収によって悲惨な状況へと追い込まれましたが、連合国軍に運命を左右された鉄道と地域は、ほかにもあります。それが神奈川県の横浜駅をターミナルにしている相模《さがみ》鉄道とその沿線です。

横浜市は、人口が約377万1000人と日本最大の市です。戦前期から日本でも指折りの人口を擁する横浜市でしたが、その人口が劇的に増加していったのは高度経済成長期以降です。昭和45(1970)年の横浜市は人口が約220万人。決して人口が少ない都市だったわけではありませんが、今のように突出していたわけでもありません。

ところが、その後も横浜市の人口は増え続け、昭和53(1978)年には大阪市を抜きます。そして昭和60(1985)年には300万人を達成。そのあたりから人口増加は鈍化するものの、平成14(2002)年には350万人を突破します。

戦後において、横浜市の人口増加の牽引役を務めたのは東京急行電鉄(東急)や相模鉄道(相鉄)・京浜急行電鉄(京急)といった私鉄です。私鉄3社は沿線開発の一環で自社沿線に住宅地を開発・分譲しましたが、3社の住宅地開発により沿線人口は爆発的に増加したのです。

特に、相鉄は終戦直後から沿線開発に力を入れていました。その背景には横浜特有の事情があります。終戦後、横浜市中心部は連合国軍に接収されたのです。そのため、横浜市の中心部は空洞化してしまいます。特に住宅の建設ができなかったことは、横浜市にとって大きな問題でした。なぜなら、戦後の横浜市は深刻な住宅難に直面していたからです。そこで横浜市は相鉄の沿線に着目します。戦前期までの相鉄沿線は開発の手が伸びていなかったので、住宅地を建設するスペース的な余裕がありました。

相鉄は昭和22（１９４７）年まで運転士不足や経営合理化を理由に鉄道運行を東急に委託していましたが、戦後の混乱が収まりつつあった昭和23（１９４８）年から自社の運行へと切り替えていました。それと同時に、事業の拡大を目指して沿線開発にも乗り出そうとしていました。

横浜市と相鉄の思惑が一致し、相鉄は三ツ境《みつきょう》駅―二俣川《ふたまたがわ》駅間で住宅地開発に乗り出します。相鉄は両駅間に希望ヶ丘駅を新設し、希望ヶ丘住宅地の分譲を開始。それを皮切りに沿線の宅地化は加速していきました。沿線の宅地化が進んだことで通勤・通学需要が生まれ、相鉄の利用者も右肩上がりで増えるという好循環が生まれるのです。

利用者が増加すると、鉄道の輸送力が不足します。相鉄は輸送力を強化するべく、複線化に着手。昭和26（１９５１）年に西横浜駅―上星川《かみほしかわ》駅間、翌年に上星川駅―希望ヶ丘駅間が複線化し、昭和29（１９５４）年にはラッシュ時に対応するため横浜駅―希望ヶ丘駅間で折り返し運転を開始しています。

折り返し運転は希望ヶ丘駅から先の複線化工事が間に合わなかったための暫定措置でし

たが、折り返し運転によって横浜駅―希望ヶ丘駅間の運転本数が増え、ラッシュ時にも多くの利用者を輸送することが可能になりました。

こうした相鉄の沿線開発が実を結び、昭和20年代には希望ヶ丘駅周辺が一気に宅地化していきました。それは横浜市の人口増を象徴する出来事でもありました。

そして、時代は高度経済成長期に突入します。同時期、庶民はマイホームを持つことが一般的になり、持ち家を購入する人が増えていました。社会的なムードもそれを後押ししていましたが、東京は不動産価格が高騰していてマイホームを構えることは高嶺の花になっていました。

そうしたマイホームの夢を抱く庶民に対して、私鉄は郊外を住宅地に開発して手頃な価格で提供します。東京圏でマイホームを造成・販売した先駆けは東急で、昭和30年代から多摩田園都市と呼ばれる住宅地を開発しました。

そんな多摩田園都市よりも、さらに手頃な価格帯で造成されたのが相鉄沿線です。相鉄沿線は高度経済成長期の波に乗り宅地化が進展し、その宅地化によって相鉄の利用者は右肩上がりで増えていきました。そうした増える利用者に対応するべく、昭和50（１９７５）年に８両編成の電車が運行されるようになり、昭和56（１９８１）年には朝ラッシュに対応するべく朝の急行４本が10両編成での運行になりました。

その後、相鉄は普通列車も10両編成化するため、昭和59（1984）年に普通列車のみが停車する平沼駅のホーム延長工事に着手。これを皮切りに、全駅のホームが10両編成に対応できるようホームの延長工事が実施されていきました。

横浜市は中心部が接収されるという災いを転じて住宅地の開発に取り組み、それは戦災復興と高度経済成長、そしてバブルという時代の風に乗って人口を増やしました。

相鉄沿線以外でも高度経済成長期からバブル期にかけて港北ニュータウンや金沢ニュータウンといった新たな街の開発に取り組んできました。その積み重ねが、377万人という巨大な都市を築き上げたのです。

第3章

世界を変えた新幹線

1 新幹線前史　広軌鉄道・弾丸列車構想の紆余曲折

満鉄設立

昭和6（1931）年に勃発した柳条湖《りゅうじょうこ》事件は、中国・遼寧《りょうねい》省の奉天《ほうてん》（現・瀋陽《しんよう》）郊外で起きた鉄道線路爆破事件です。線路を爆破したのは関東軍、いわば日本の自作自演でした。当時は真相が解明されず、日本政府は中華民国が仕掛けたテロと発表しています。

それを口実に、日本は満洲の軍事支配を目論みました。これが端緒となり、現地に駐屯していた関東軍は中国軍に攻撃を仕掛けて、中国東北部（満洲）を支配下に置きました。

柳条湖事件が起きた翌年には、早くも満洲国が成立。日本は満洲国を独立国家として承認するように国際連盟に求めます。しかし、西欧諸国は実質的に日本の傀儡《かいらい》政権であると見て、国際連盟は満洲国を独立国家として認めませんでした。

満洲国の鉄道は満州事変が起きる前から、実質的に日本がコントロールしていました。日本が満洲の権益を得ていたのは、明治38（1905）に日露戦争に勝利してロシア帝国から権益を譲り受けたからです。

日本はポーツマス条約を締結したことによって、約764キロメートルにもおよぶ東清鉄道南満洲支線の権益を手に入れます。満洲国内には多くの鉄道路線が敷かれていましたが、そのうち日本は長春《ちょうしゅん》（新京《しんきょう》）—大連《だいれん》・旅順《りょじゅん》間の鉄道経営とそれに付随する権利、同線の奉天から分岐して安東《あんとう》までを結ぶ支線の鉄道経営権を得ました。

これらを経営するため、日本政府は明治39（1906）年に半官半民の南満洲鉄道（満鉄）を設立します。満鉄は鉄道会社を名乗りながらも新規の鉄道建設は少なく、どちらかというと不動産経営や鉱山開発をメイン業務にしていました。

ただ、東清鉄道南満洲支線はロシアによって建設が進められた路線だったので、ロシア規格の1524ミリメートル軌間で建設されていました。日露戦争中、日本軍は南満洲支線の沿線を占領し、南満洲支線を兵站に活用するために1067ミリメートル軌間へと改軌しています。

日本軍が日本と同じ1067ミリメートル軌間にした理由は、日本から運び込んだ鉄道車両をそのまま使えるメリットがあったからです。日本から持ち込まれた鉄道車両は弾薬や食糧といった物資輸送を円滑にしました。

ところが、日露戦争後の条約締結によって正式に日本が満洲の鉄道権益を得たことで事情が一変します。国際標準の1435ミリメートル軌間の方が、そのまま他路線にも乗り入れることができるので輸送面においてもメリットが大きかったのです。

満鉄の特急あじあ号

また、1067ミリメートル軌間よりも1435ミリメートル軌間の方が車両を大型化できますので、運行スピードを速くできると同時に輸送量も増やすことができます。

こうして満鉄は権益を受けた南満洲支線を1435ミリメートルに再改軌することになりました。これを主導したのが満鉄の初代総裁を務めた後藤新平《ごとうしんぺい》です。

そして改軌が完了すると、満鉄は急行列車の運行を開始します。急行列車は大連駅―新京駅間の約701・4キロメートルを約8時間30分で走破。最高速度は時速120キロメートル、表定速度は時速82・5キロメートルというスーパーエクスプレスでした。

そこから時代は大きく下って、昭和9（1934）年になると満鉄に特急あじあ号が走り始めます。同列車はパシナ形と呼ばれる流線形の外観が特徴で、高速で走ることができたので流線形の車両はスピードが出せるというイメージが定着していきました。同時期には流線形の機関車が多く開発・製造されています。

例えば、昭和10（１９３５）年には「ムーミン」の愛称で親しまれたＥＦ55形電気機関車が、昭和11（１９３６）年にはモハ52形電車が、昭和12（１９３７）年にはキハ４３０００形気動車が新造されました。流線形の車両が多く製造されたことを見ても、特急あじあ号が鉄道関係者や利用者に大きなインパクトを与えたことが窺えます。

あじあ号に触発されて開発・製造された車両は、現代から見るとあまり流線形といった印象を受けませんが、当時は長方形が当たり前だった鉄道車両の常識をこれらの車両が覆したのです。

１０６７ミリメートルか、１４３５ミリメートルか

高速で走る機関車が実現できたのは、なによりも軌間が１４３５ミリメートルだったことが要因です。実は国内でも明治期から高速列車が走れるように１４３５ミリメートル軌間の鉄道を希求する機運がありました。

安田財閥の創始者でもある安田善次郎は、明治40（１９０７）年に日本電気鉄道という

鉄道会社を立ち上げ、東京―大阪間を約6時間で結ぶ高速鉄道を計画しました。日本電気鉄道は1435ミリメートル軌間で建設する予定を立てていました。これは東海道新幹線の萌芽ともいえる鉄道計画です。

日本電気鉄道の計画は明治40年から繰り返し出願され、最終的にその数は7回にも及びましたが、実現しないまま幕引きになりました。

日本の鉄道は、1067ミリメートル軌間を標準規格として全国へと広がりました。しかし、明治半ばからは早くも国会議員を中心に1435ミリメートルに改軌しようという意見が出るようになりました。

そうした改軌を主張する勢力は「改主建従」と呼ばれ、逆に1067ミリメートル軌間のままでいいから全国各地に鉄道網を広げることを急ぐべきと主張する勢力は「建主改従」と呼ばれました。

建主改従を主張した主な政治家は、井上勝《いのうえまさる》や原敬《はらたかし》です。井上は「鉄道の父」とも呼ばれ、東京駅前に銅像が建立されているほど鉄道界に大きな功績を残した人物です。また、原敬も「平民宰相」として歴史に名を残した人物として知られています。

対して、改主建従の代表格は後藤新平です。後藤は国内より先に満洲国で1435ミリメートルを実現し、その成果を元にして国内の鉄道も1435ミリメートルへ改軌することを考えていました。

実際、後藤は大正6（1917）年に八浜（現・横浜）線の原町田（現・町田）駅—橋本駅間で改軌の実験をしています。これらの結果をもとにして、鉄道広軌化計画を策定。同計画は政府の同意を得て、改軌に取り掛かれる段階にまで達しました。

一般的に広軌とは、1435メートルよりも幅広の軌間を意味します。先に触れたロシア帝国が建設したシベリア鉄道は、1542ミリメートルなので広軌の鉄道でした。

後藤の計画で用いられている「広軌」は、日本の1067ミリメートル軌間を広げるという意味です。つまり、後藤は全国の鉄道を1435ミリメートル軌間へと刷新しようと考えたのです。

安田と同じく、後藤も東京—大阪間を高速で走る列車の構想を進めようとしました。後藤の計画が安田と異なっていたのは、安田が私鉄で1435ミリメートルの鉄道を実現しようとしていたのに対して、後藤はあくまでも官営鉄道で1435ミリメートル軌間の鉄道を実現しようと考えていたことです。

1435ミリメートル軌間の鉄道は、後藤のみならず多くの政治家・軍人・鉄道技術者が提唱しており、決して後藤オリジナルの構想ではありませんが、1435ミリメートル軌間の鉄道を国内で実現するという情熱は誰よりも強かったのです。

しかし、後藤の野望は突然に断ち切られます。寺内正毅《てらうちまさたけ》内閣が米騒動によって瓦解し、内務大臣兼鉄道院総裁だった後藤も任を解かれたのです。寺内の後任として内閣総理大臣に就任した原敬は、従来から一貫して建主改従を主張していた政治家でした。

原は岩手県出身の政治家です。岩手県の盛岡駅から太平洋側の宮古駅を通って釜石駅までを結ぶ山田線は、原が自分の地元である岩手県に利益誘導するために建設した路線ともいわれます。なぜなら、山田線が走る区間は、多くの需要があるとは思えないような場所だったからです。

そのため、議会でも「総理大臣は、猿でも乗せるつもりなのか！」と皮肉まじりに批判されています。その批判に対して、原は「猿は（列車に）乗せられない規則になっています」と、人を食ったような答弁をしたという逸話も残されているほどです。

ただし、この議会答弁は後に創作された内容とも言われています。いずれにしても、山田線が多くの需要を見込めない路線だったことは確かなようで、それにも関わらず原は線路の建設を強行しました。

需要が見込めなかった山田線ですが、開業後は連日にわたって満員状態で運行されました。当時は需要予測という言葉もなく、それらを調査する術もなかった時代です。そのため、議会の予想を超えるような需要が生み出されたわけですが、山田線は旅客需要のほかにも釜石鉱山で産出した鉱石や製鉄所で生産された鉄などを運ぶ役割も果たしています。

原敬は山田線の建設を強行したことで地元へ利益誘導を図りました。原だけではなく、明治・大正期の政治家たちは自分の地元に鉄道を誘致することで地元に貢献できると考え、鉄道の誘致には強いこだわりを見せました。政治家による強引な鉄道誘致は、我田引水をもじって「我田引鉄」と問題視されることもありました。

原は山田線の誘致を進めるなど我田引鉄を実践した政治家ですが、鉄道の存在感を高めるために鉄道院を省へと昇格させるといった取り組みもしています。鉄道への思いは強かったのです。

弾丸列車計画の頓挫

こうして日本の鉄道は１０６７ミリメートル軌間のまま昭和を迎えますが、昭和10年代に入ると東海道本線・山陽本線がパンク状態になるほど需要が増えました。

政府は東海道本線に沿う形で新しい幹線を検討する調査会を発足させます。同調査会は１０６７ミリメートルの軌間を１４３５ミリメートルへと改軌するのではなく、新たに１４３５ミリメートル軌間の線路を東京—大阪間に建設することを検討しました。

同調査会が検討した１４３５ミリメートル軌間の線路で運行される列車は、新聞などで弾丸のような速度で走るといった刺激的な内容で取り上げられ、そのため世間からは「弾丸列車」と呼ばれるようになります。

昭和15（1940）年には、帝国議会で弾丸列車を東京―下関間で走らせる計画を承認。全通目標を昭和29（1954）年に定め、総予算も約5億5600万円と試算されました。

国内で浮上した弾丸列車構想は政府関係者や鉄道関係者のみならず、多くの国民を熱狂させるのに十分でした。そんな弾丸列車計画が進められる中、満鉄では昭和18（1943）年に特急あじあ号が第二次世界大戦の激化を理由に運転を休止。すでに大日本帝国はミッドウェー海戦とガダルカナル島の戦いで敗北を重ね、日米の形勢は逆転していました。そうした状況下に追い込まれていた日本が特急あじあ号を運転できる余裕はなく、そのまま運転が再開されることはなく終戦を迎えます。

国内で建設計画が進められていた弾丸列車も、戦争の激化を理由に調査・測量・買収・建設を中止しています。

ここまでの流れを見ると、広軌鉄道の議論や計画は無駄になったように感じるかもしれません。しかし、特急あじあ号で用いられた技術や弾丸列車のために建設が始まっていた一部の区間は、昭和39（1964）年に開業する東海道新幹線に転用されるのです。

2 小田急SEを誕生させた技術者たち

高速化への試行錯誤

日本が高度経済成長期を迎える中、世界では「鉄道は斜陽」と言われ、自動車の時代を迎えつつありました。昭和39（1964）年に開業した東海道新幹線は、そうした世界の潮流に待ったをかけ、鉄道が再評価される流れを生み出します。

新幹線は超特急を意味するスーパーエクスプレスと英訳されることが一般的でしたが、近年はそのものズバリ〝SHINKANSEN〟でも通じる世界共通語になっています。それほど、新幹線が世界に与えたインパクトは絶大だったのです。

新幹線の萌芽は明治期からあり、昭和初期から弾丸列車というネーミングで実現に向けて走り出しました。それらは第2次世界大戦の戦局悪化によって閉ざされてしまうわけですが、夢を諦めきれなかった鉄道技術者たちは戦後に再び結集します。

弾丸列車は最終的に新幹線として具現化しましたが、そこへ至るまでの過程はあまりクローズアップされることがありません。特に、新幹線が誕生するまでには在来線での技術開発が進められ、検証するための試験も繰り返されていたのです。

すでに昭和初期に鉄道車両の流線形ブームが起き、流線形の車両がたくさん製造されたことは述べました。

関西で運用されていたモハ52形は流線形の高速電車として人気を集め、戦後も引き続き使用されていきます。

そうした車両改良によるスピードアップは誰もが思いつくことですが、鉄道当局は高速で走るために鉄道施設をどう改良すればいいのか？　ということにも心を砕きました。

そして東海道本線の三島駅—沼津駅間で高速運転の試験を実施していますが、この試験では①50メートル単式電車線、②70メートル単式電車線、③70メートル単式複電車線、④70メートル変形Y型電車線の4方式で架線が張られて、その違いによってスピードに差が出るのか？　高速で列車が走るには、どんな架線の張り方が適しているのか？　を検証しています。

これらを簡単に説明すると、電車に電気を供給する架線を張るために架線柱の間隔を50メートルにするか70メートルにするか、架線を1本にするか2本にするか、また1本でもヨーロッパで主流となっているY型と呼ばれる張り方にするのか？　といった違いです。

架線を4パターンも検証しているところからも、鉄道当局が集電についての関心が高かったことが読み取れます。そのほかにも、鉄道当局は車体振動・制動・レールや道床の振動といった細かな部分で検証を重ね、それらの積み重ねによって時速200キロメートルを目指したのです。

これらの高速運転の試験にはモハ52形が使用され、時速119キロメートルを記録しました。そこから導き出されたのは最高時速が95キロメートルまでなら架線柱は70メートル間隔で建てても問題がないということでした。そして、今後の高速化を考えると、④の70メートル変形Y型電車線で整備していくことが望ましいと結論を出します。

同試験が実施された翌年、日本国有鉄道（国鉄）が発足。国鉄は高速化を図るために、幹線の電化を推進していきます。当時、日本を実質的に統治していた連合国軍はアメリカの鉄道が蒸気機関車主体で運行していたため、鉄道の電化には難色を示しました。それでも国鉄当局は、連合国軍の顔色を見ながら同年に浜松駅以東の電化を完了させました。

これを受けて、東京駅—大阪駅間を約9時間で結ぶ特急へいわ号が運行を開始します。特急へいわ号は暫定的な名称で、公募によって昭和30（1955）年からは特急つばめと改称します。戦前期から、つばめは官営鉄道において看板特急につけられてきた列車愛称です。つまり、公募で特急つばめの名前が決まったということは、国鉄を代表する看板特急として世間が認めたことを意味しています。

特急つばめが走り始めた年には、「湘南電車」と呼ばれた80系電車が登場します。湘南電車は沿線のみかん畑を彷彿とさせる橙と深緑のカラーリングから、「みかん電車」と呼ばれることもありました。

湘南電車は電車ですので電化した路線しか走ることができません。終戦から10年前後は、国鉄の路線に非電化区間が多く残っていました。そのため、当初の湘南電車は東京駅―沼津駅間だけの運用になりました。

しかし、これまで機関車牽引だった同区間の列車を湘南電車へと置き換えたことで、所要時間は大幅に短縮します。国鉄はさらなる電車のスピードアップを視野に入れますが、スピードアップは電車の性能だけを向上させれば達成できるわけではありません。

高速で走る電車は、線路や橋梁《きょうりょう》にも負荷をかけます。特に橋梁はいったん損傷してしまうと、修復に時間がかかります。そのため、列車の高速化には慎重を期さなければなりませんでした。

国鉄は時速１２０キロメートルで電車を運転しても橋梁が耐えられるかどうかを繰り返し検証し、最高時速95キロメートルを超えると橋梁への負荷が大きくなるという結果を得ます。それ以上のスピードアップをすることは、困難との結論が出ました。

同様の検証は、昭和30（１９５５）年にも電気機関車で実施されています。こちらもレールや橋脚に与える負荷が大きいことがわかりました。特に、客車の動輪にかかる横圧が

小田急の3000系SE

大きく、脱線の可能性が高いことが判明しています。

こうした検証結果を受け、高速化を目指す路線では順次、線路や橋梁の改良が着手されていったのです。そうした橋梁を改良したことで列車の高速化が達成されたのです。

小田急ロマンスカーのデビュー

また、国鉄は列車の高速化を目指すには電車方式がベストとの結論を導き出しました。その検証結果から生み出されたのが、小田急電鉄の３０００系ＳＥ（SuperExpress）でした。

国鉄の高速化を目指した実験が、なぜ他社である小田急の車両を生み出すことになったのでしょうか？　それを紐解くには、小田急が歩んできた特急開発の歴史が重要になってきます。

小田急は戦前期から新宿にターミナル駅を置き、東京と箱根を結ぶ鉄道路線として開業時から人気を博してきました。

小田急は箱根人気を捉え、昭和10（1935）年から新宿駅―小田原駅間をノンストップで走る列車を運行します。ノンストップ列車は、同社の看板特急として今も絶大な人気を博す小田急ロマンスカーの原型になりました。

実際に小田急ロマンスカーが登場するのは、昭和24（1949）年です。ロマンスカーには1910形と呼ばれる車両が使われましたが、同車は2扉のボックスシート車両を一部に導入しています。また、ロマンスカーの人気を支えた「走る喫茶室」の萌芽ともいえる喫茶カウンターも設けられていました。

昭和26（1951）年から、特急列車は運転区間を箱根湯本駅まで延長。これにより、名実ともに小田急は箱根路を走ることになりました。さらに小田急は新宿駅―小田原駅間の所要時間を1時間に短縮する目標を立て、新たな特急の開発に取り掛かったのです。この開発目標で誕生したのがSE車でした。

SE車の開発を主導した山本利三郎《やまもとりさぶろう》は旧鉄道省に入省し、昭和20（1945）年に大東急に入社します。戦後に大東急が解体されると、小田急で常務に就任。そんな山本は、古巣の旧鉄道省が高速鉄道の実験を繰り返していることを聞きつけました。それに協力する形で、小田急のSE車の開発が進められたのです。こうした経緯があり、同車両は新幹線の技術が詰まっているとも言われるのです。

ちなみに、鉄道愛好家団体の鉄道友の会が優れた鉄道車両にブルーリボン賞・ローレル賞を授賞していますが、SE車は栄えある第1回のブルーリボン賞を受賞しています。というよりも同車を顕彰するために鉄道友の会は同賞を創設したと言われているほどの車両だったのです。

それほど多くの鉄道関係者・鉄道ファンを魅了したSE車は、ロマンスカーの歴史のみならず、その後の鉄道車両のあり方そのものを変えてしまうような革命的な車両でした。自社の看板特急が誕生し、その後もロマンスカーブランドを確立させたわけですから、小田急にとって国鉄の高速化に協力したことは大きな収穫があったといえるでしょう。

他方、国鉄にとっても高速化を目指して車両開発に取り組んでいたので、小田急の協力はありがたい話でした。昭和32（1957）年には、SE車が東海道本線で走行実験を実施。函南《かんなみ》駅―沼津駅間で最高時速145キロメートルを記録します。

わざわざ小田急の車両を国鉄の東海道本線に持ち込んで試験走行を実施した理由は、SE車が軽量・低重心・連接台車という特殊な構造だったからです。

ＳＥ車の走行実験によって高速列車を設計・製造するためのデータを得た国鉄は、線路などの設備を大幅に改良しなくても在来線で時速１２０キロメートルまでのスピードアップが可能と判断。こうして国鉄は新たな高速性能電車を開発します。それが、後に１０１系と呼ばれる電車でした。

鉄道マニアなら数字で表現されてもすぐに理解できますが、鉄道を移動手段として使っている人は１０１系と言われてもピンときません。

１０１系は山手線・中央線・京浜東北線といった首都圏の主要路線で走ったほか、関西圏でも城東（現・大阪環状）線・関西本線といった主要路線で活躍しています。そのため、多くの人は１０１系を見たり乗ったりと馴染みがあるはずです。

夢の超特急

ＳＥ車がデビューした同年、国鉄鉄道技術研究所（現・鉄道総合技術研究所）は創立50周年記念講演会を東京都港区で開催。同講演会には、多くの聴講希望者が殺到して会場は満席になりました。

この講演会が注目されたのは、大きな理由があります。それが、夢の超特急こと新幹線が実現可能だと発表されたからです。記念講演会は所長の篠原武司の開会あいさつから始まり、三木忠直《みきただなお》・星野陽一《ほしのよういち》・松平精《まつだいらただし》・川辺一《かわなべはじめ》の4人が車両・線路・乗り心地・信号といった分野から講演をしました。

この4人のうち、三木は車両について話をしています。新幹線は１４３５ミリメートル軌間の線路だったので時速２００キロメートルの運転が可能になったわけですが、三木は車両構造を工夫すれば１０６７ミリメートル軌間のままでもスピードアップは可能と話しています。実際、三木はＳＥ車の開発にも多大な協力をしています。

講演会は一般向けとは思えない専門的な内容でしたが、それでも集まった聴衆の関心は高かったようです。また、後日に講演会の概要が新聞で報道され、急速に世論も高速鉄道の開発・実現に大きく傾斜していきました。

十河信二（出典：国立国会図書館「近代日本人の肖像」）

世間の期待が膨らむ一方で、事業主体である国鉄は新幹線に前向きとは言い難い姿勢でした。新幹線は昭和30（１９５５）年に第4代国鉄総裁に就任したばかりの十河信二の肝煎りで推進していたプロジェクトでしたが、プロジェクトが立ち上がったばかりの頃は国鉄内部でも高速鉄道に対して半信半疑の職員が多数だったのです。仮に高速鉄道が技術的に実現可能だったとしても、需要があるとは考えられていませんでした。

十河は東京帝国大学を卒業後に後藤新平が総裁を務めていた鉄道院に入庁し、後藤に才能を見出されました。関東大震災後に後藤が帝都復興院総裁に抜擢されると、十河も復興院にヘッドハンティングされています。その後は、満鉄にも勤務しました。

そうした経歴の持ち主なので、十河は鉄道でも後藤の薫陶を受け、１４３５ミリメートル軌間の鉄道に対して理解と情熱がありました。

しかし、十河が国鉄総裁に就任した時点で、国鉄は多くの事故を起こして窮地に陥っていました。十河に課された使命は国鉄再建であり、高速鉄道ではなかったのです。

しかも総裁を打診された当時の十河は71歳でした。現在なら政財界で活躍する71歳は珍しくありませんが、当時は完全に一線から退く年齢です。そのため、「新幹線は爺さんの夢」と受け止められ、そんな夢に付き合っている余裕はないと一笑に付されていました。

当時、技師長という重職にあった藤井松太郎《ふじいまつたろう》は新幹線計画で十河と対立。それを理由に、藤井は国鉄を去りました。国鉄を去った藤井は、十河の後任として昭和38（１９６３）年に第5代国鉄総裁に就任した石田礼助《いしだれいすけ》に呼び戻されます。そして、昭和48（１９７３）年には第7代国鉄総裁に就任しています。そんな優れた技師長を更迭してまで、十河は新幹線プロジェクトを推進したのです。

ふたつの問題

昭和32(1957)年、国鉄内に幹線調査室という部署が立ち上げられ、本格的にプロジェクトが始動します。しかし、幹線調査室に配属された職員はわずか4名でした。これでは、とてもビッグプロジェクトを進めることはできません。

新幹線計画を策定するにあたって担当者たちが頭を悩ませた問題は多くありましたが、そのなかでも深刻な問題が2つありました。ひとつは土地の買収です。そして、もうひとつが新幹線と同じく東京―名古屋―大阪間で建設が進んでいた高速道路でした。

幹線調査室の職員たちは、戦前期に弾丸列車用に買収されていた土地や建設されていた諸施設を再活用することで土地の収用を少なくする工夫を凝らします。東京―大阪間を結ぶ新幹線は、計画時点で約515キロメートルの線路用地が必要だと試算されていました。戦前期に買収していた土地は約95キロメートルで、これは約18・4パーセント分に相当します。また、トンネルや橋梁区間の土地は買収する必要がないので、新たに取得する必要があった区間は約325キロメートルと試算されていました。これは、全体の63・2パーセントに相当します。

幹線調査室の職員たちは、短期間で約5万人にもおよぶ地権者との折衝をしなければなりませんでした。反対派の地主も多くいる中で、職員たちは繰り返し訪問して丁寧な説明を重ねていきます。

それでも開業前年となる昭和38（1963）年の時点で、神奈川県川崎市に約1・3キロメートル、静岡県浜松市に0・3キロメートル、愛知県名古屋市に約0・4キロメートル、京都府京都市に0・5キロメートルの未買収用地が残っていました。

未買収用地は公共用地取得に関する特別措置法に則って、土地を収用しました。こうした手段を用いて全土地の取得が完了したのは、昭和39（1964）年の1月です。開業まで、残された時間はわずかになっていました。

もうひとつの問題になっていた高速道路との競合は、戦前期の弾丸列車が構想された時から起きていました。それだけに、東京五輪の開催を控えて問題が再燃した形です。

東京―名古屋―大阪を高規格道路で結ぶ高速道路は、内務省土木局が昭和15（1940）年に計画を発表しています。

弾丸列車は弾丸道路より計画で先行していましたが、第2次世界大戦で日本の同盟国だったドイツは、「ライヒスアウトバーン」と呼ばれる帝国自動車国道を建設。ライヒスアウトバーンはドイツの経済的発展を支えるインフラになりますが、他方でドイツ政府は国民車構想を提唱してマイカーを普及させていきました。

戦前期には、こうした自動車の時代へと突き進む機運があり、日本でも倣うように自動車の時代が到来しつつありました。それを理由に弾丸列車よりも弾丸道路を建設するべきではないかという提案も政財界からあがっていたのです。

弾丸列車と弾丸道路のどちらも、戦火が激しくなったことで計画は立ち消えます。しかし、戦後になるとが主に財界人から弾丸道路を望む声が出てきます。

最初に東京―名古屋―大阪間の高規格道路を提唱したのが、実業家の田中清一《たなかせいいち》です。また、戦前期に電力業界の松永安左エ門も産業計画会議と称する私的シンクタンクを結成して昭和33（１９５８）年に「東京―神戸間に高速自動車道路を建設するべし」と勧告しています。

松永安左エ門（出典：国立国会図書館「近代日本人の肖像」）

そうした財界の意向もあって、いくら車両の開発が進み、実際に高速列車が走るような技術が確立しても高速鉄道は不要という意見もあったのです。

3　東京五輪と新幹線

新幹線をめぐる賛成と反対

東京五輪は昭和39（1964）年10月10日に開幕。東京五輪の開催は敗戦後の日本が国際社会に復帰したことを海外に示すための〝儀式〟でもありましたが、その後も東京五輪は私たちの生活を変え、価値観を変えたイベントとして後世にも語り継がれていきます。また、五輪開催を記念して昭和41（1966）年に10月10日が体育の日に定められました。

東京五輪の開催を機に、東京をはじめ五輪の会場地となる神奈川県の江の島や長野県の軽井沢では急ピッチで準備が進められました。

特に、東京周辺では国際的なイベントを開催するための整備が追いついていませんでした。国際社会への復帰という大義名分もあって、国全体が高揚感に包まれたまま道路や鉄道で突貫工事が始められていきます。

それまで、東京の各所には連合国軍の置き土産ともいえる集合住宅が残されていました。これらの接収地の大半は、東京五輪を機に返還。東京・渋谷区代々木のワシントンハイツは、五輪の選手村として活用されます。

五輪閉幕後に選手村跡地は都立代々木公園へと整備されますが、園内には五輪の会場地にもなった国立代々木競技場などが残ります。さらにNHKの局舎・撮影スタジオ機能を併せ持つNHK放送センターが昭和48（1973）年に竣工しています。

東京五輪に合わせた都市改造は、都内なら首都高速道路や東京モノレールとインフラ整備にも及びました。これらのインフラ整備は、五輪開催を金科玉条にして何でも叶うような状況でした。

東京五輪関連のインフラ整備で、多くの人が真っ先に思い浮かべるのは東海道新幹線ではないでしょうか？　東海道新幹線は五輪の開幕直前の10月1日に東京駅―新大阪駅間で一番列車が走りました。その光景は国民の間に強い印象を残しました。鉄道史のみならず昭和史においても東海道新幹線の開業は重要なトピックスですが、そこには多くの逸話が残っています。

新幹線計画を推進した国鉄総裁の十河信二は、新幹線の開業を見ることなく国鉄を去りました。そして、東京駅ホームで挙行された開業式典に立ち会えませんでした。

十河が国鉄を去った最大の理由は、新幹線の建設費用が大幅に超過した責任を問われたからです。十河は昭和38（1963）年に2期8年の任期が満了し、再任されませんでした。この事実だけを見れば、任期満了による退任という解釈もできます。

初代新幹線・0系

しかし、十河の3期目を望む声も少なからずありました。そうした待望論をかき消したのが新幹線の建設費が超過したことです。この責任を取る形で十河は国鉄を去ります。開業日のホームでスポットライトを浴びたのは、十河の後を託された石田礼助でした。

東海道新幹線が開業して2024年で60年を迎えました。現在から見れば、東海道新幹線が日本のみならず世界の鉄道を大きく変えたことは周知の事実として語られています。

しかし、新幹線の建設が進められていた当時、鉄道は斜陽の時代と言われていました。そのため、各方面から新幹線に対して批判的な意見が相次ぎました。

もっとも有名な批判は、作家の阿川弘之《あがわひろゆき》が発したものです。阿川は鉄道ファンとして有名でしたが、だからと言って私情を挟むことはなく、冷静な目で鉄道の未来を見据えていました。そのうえで、阿川は新幹線を「世界の４バカ」と形容しています。

阿川は東京帝国大学を卒業後、海軍に入隊しています。帝国海軍は昭和16（１９４１）年に史上最大の46センチ砲を搭載した超弩級戦艦の戦艦大和を就役させました。きたるアメリカとの戦争に備えて海軍力を増強させる目的で戦艦大和は建造されたわけですが、その建造費用に比して戦艦大和は戦果をあげられずにアメリカ軍に撃沈されます。

阿川はそうした金と労力を莫大に費やしながら役に立たない代物の例として、エジプトのピラミッド・中国の万里の長城・戦艦大和、そして新幹線を並べて「世界の４バカ」になると新聞紙上で発表したのです。鉄道ファンでありながら新幹線に批判的な阿川の意見には、賛同を送る国民も多かったようです。

また、十河は建設予算をつけてもらうため、大物議員のもとへ日参して新幹線の意義を説明してまわりました。多くの議員は十河の熱心な説明を聞き、その熱意に打たれて新幹線計画を了承しています。政治家たちが新幹線計画を了承したのが本意かどうかは図りかねることですが、なかには頑として受け入れなかった国会議員もいました。その代表格が河野《こうの》一郎《いちろう》です。

河野は昭和37（１９６２）年に建設（現・国土交通）大臣に就任し、五輪開催に向けて急ピッチで進むインフラ整備の指揮を取りました。そうした実績もあり、五輪開幕目前となる昭和39（1964）年7月の内閣改造で副総理格の東京オリンピック担当大臣を務めます。

河野は東京五輪開催に向けたインフラ整備で、そのリソースの多くを道路につぎ込んでいます。道路は建設省、鉄道は運輸省という棲み分けがされていたので、建設大臣の河野にとって鉄道は受け入れ難いインフラだったかもしれません。

なにより河野は「鉄道は時代遅れ」という認識を強く抱いていました。そのため、実際に河野を訪れてきた十河に対しても「世界中で線路を剥がしている時代に、なぜ莫大な資金を投じて鉄道を建設するのか？」と新幹線に対して批判的でした。

世間的には夢の超特急と言われて大きな期待を背負っていた新幹線でしたが、決して賛成ばかりではなく、反対もあり、世論は賛成・反対の二つに分かれていたのです。

批判も渦巻いた東海道新幹線でしたが、東京五輪の高揚感も手伝って開業から順調に利用者を伸ばしていきます。新幹線の好調は決して五輪特需によるものではなく、五輪閉幕後も旺盛なビジネス需要に支えられて好調をキープしました。

開業時の東海道新幹線は、1時間あたり「ひかり」1本、「こだま」1本というダイヤでした。こうした運転体系を1－1ダイヤと呼びますが、この少ない運転本数では増える利用客をさばくことができません。

そのため、国鉄は翌年に運転本数を増やして２−２ダイヤへと変更します。昭和42（1967）年には、さらに運転本数を増やして３−３ダイヤへと変更しました。

運転本数の増加だけではなく、国鉄は効率的に運行するといった点でも工夫を凝らしました。開業時の東海道新幹線は全列車が指定席制で、自由席はありません。想定を上回る需要だったために窓口でのきっぷ販売が追いつかない事態が発生し、空席のまま発車してしまう新幹線が続出したのです。

そうした売り逃し対策として、国鉄は12月から翌年1月の期間限定で「こだま」に自由席を設けました。そして、自由席は歳月とともに拡大していきます。自由席の設定によって、売り逃しは減り、それが新幹線の売上増に寄与しました。

これほどの盛況を受け、建設時に猛烈な批判をしていた阿川は新幹線への認識を改めます。そして、石田の後任として昭和44（1969）年から国鉄総裁に就任した磯崎叡《いそざきさとし》と対談する際に自身の不明を詫びています。

親子2代の研究の集大成

新幹線の生みの親でもある十河は東京駅ホームで挙行された式典に立ち会うことはでき

ませんでしたが、同日に国鉄本社で催された開業記念式典には出席しています。また、同式典には十河だけではなく技師長として新幹線の実現を推進し、十河と運命をともにした島秀雄も招待されました。

東海道新幹線は戦前期から計画されて一部が建設されていたことはすでに述べましたが、正式にGOサインが出るのは昭和34（1959）年です。つまり、五輪とセットで語られがちな東海道新幹線は、昭和35年のIOC総会で五輪開催が発表される前から建設・開業することが決められていました。

それにも関わらず、東海道新幹線は「五輪に合わせて整備された」と紹介されます。なぜでしょうか？　その理由は、建設資金の調達スキームにあります。

当時の国鉄は、予算を国家財源に大きく依存していました。国家予算は単年度会計が基本ですから、建設期間が長期間にわたる新幹線のようなビッグプロジェクトには適していません。建主改従派と改主建従派で争ったときのように、たびたび方針が変わることだって想定されるからです。

国鉄は発足以来、社会を騒がせる大事故を何回か起こして、そのたびに世間から厳しい非難が起こっていました。しかも、国鉄は原則的に独立採算制を謳う公共事業体です。その新規プロジェクトに巨額の財源を投じるのであれば、そこには国民の大半が納得するような大義名分が必要でした。

こうした諸問題を懸案し、途中でプロジェクトを中断しないように資金調達スキームを考えたのが佐藤栄作《さとうえいさく》です。佐藤は東京帝国大学を卒業後に鉄道省へと入省。鉄道官僚時代には営団地下鉄の発足に奔走しています。

佐藤は運輸次官も務め、昭和23（１９４８）年に発足した第2次吉田《よしだ》茂《しげる》内閣では非議員ながらも官房長官にも就任するなど、早くから非凡な政治手腕を発揮していました。政治家に転身してからは出世の階段を登り続け、昭和33（１９５８）年に発足した第2次岸信《きしのぶ》介《すけ》内閣では大蔵大臣に抜擢されています。

佐藤は鉄道省出身だけあり、新幹線にも理解を示していました。そして建設予算をつけるために国際復興開発銀行（世界銀行）から融資を受けるというアイデアを思いつくのです。

世界銀行は第2次世界大戦で荒廃した各国の国土を復興させる目的で設立されたこともあり、日本が復興のために鉄道整備をするという名目は世界銀行の主旨に沿うものでした。

しかし、世界銀行が融資する対象は、あくまでも「証明済みの技術」だけです。

そうした事情もあり、新幹線は挑戦的な技術を用いるのではなく、これまでに確立された技術を使うことが求められました。夢の超特急と形容された新幹線は、実のところ夢でも何でもなく非常に現実的な超特急だったのです。

新幹線に否定的だった藤井松太郎の後任として技師長に就任した島秀雄は、戦前期に弾丸列車の実現に取り組んだ鉄道省・満鉄の技師だった島安次郎《しまやすじろう》の息子です。秀雄も技術者として多くの鉄道車両の改良に取り組んできましたが、新幹線は島親子2代にわたる研究の集大成でもありました。

秀雄は、以前から「既存の研究成果でも時速２００キロメートルで走る鉄道車両の開発・製造は可能」と主張し、東海道新幹線の開発が決定した時も同様の考え方で車両・信号機器といった鉄道システムの整備に取り組みました。

秀雄は東海道本線でデビューした80系電車（湘南電車）や昭和33年にはビジネス特急こだまとして走った１５１系も手掛けています。そうした実績を背景にして、新幹線の開発に取り掛かりました。

新幹線の肝は車両自体にあるわけではなく、信号・運転管理・線路・駅・橋梁・電力供給に至るまで鉄道運行を支える全体のシステムをうまく動かすことにありました。

秀雄は図面の線一本すら引かず、現場から上がってくる技術的な提案を取りまとめ、それらを徹底的に検証。いい技術を選択して採用したに過ぎないと自身でも語っています。

そして昭和37（１９６２）年に先行して建設が完了していた神奈川県綾瀬付近から小田原

付近までの約30キロメートルの区間で試験運行が繰り返されたのです。

耳ツン・雪害・トイレ

約30キロメートルの試験区間は後に地名から鴨宮モデル線区と通称されるようになりますが、同試験区間では机上の理論だけでは判明しなかった問題が次々と浮かび上がりました。なかでも、技術者たちを悩ませたのがトンネル進入時に起きる「耳ツン」と呼ばれる人体に与える影響です。

新幹線は高速で走るので、トンネル進入時は車内の圧力が急激に変化して、それが耳に違和感を発生させます。耳ツンは、トンネル進入時に車内の給気口と排気口を一時的に閉じることで解消しました。

耳ツンは鴨宮モデル線区での実験走行で判明して事前に対策できましたが、雪害は事前対策ができずに技術者たちを苦しめました。東海道新幹線は東京駅—新大阪駅間を走っているので、冬季でも積雪に悩まされることは少ないのですが、岐阜県と滋賀県の県境にある関が原付近は豪雪地帯で有名な区間です。

新幹線が運行を開始すると、関が原付近で床下機器の故障や窓ガラスが破損するといったトラブルが相次ぎました。車外でも沿線の民家の窓ガラスが割れたり、線路のバラストが跳ねたりするといったアクシデントが起こります。それらは、すぐに原因が判明しませんでした。

調査を続けているうちに、時速200キロメートル超のスピードで雪中を走ると、床下機器に樹氷と呼ばれる氷の塊が急速にできる現象が起こることが判明します。

この現象は完全に解明されていないので、現在も降雪時は徐行運転によって樹氷を抑制するといった対策にとどまっています。

そして、もうひとつ肝心な対策が抜けていたことも運行開始後に判明します。それが、新幹線のトイレ問題です。

列車内にトイレが備え付けられるようになったのは、明治22（1889）年に藤枝駅で起きた事故が大きく影響しています。横須賀造船所長を務め、海軍の重要人物でもあった肥田浜五郎《ひだはまごろう》は東海道本線に乗車中、トイレを我慢できなくなり藤枝駅で下車。用を足して列車に戻ろうとしたところ、列車が発車してしまったのです。肥田は列車に飛び乗ろうとしたものの、転落して負傷。翌日に死去しました。

政府内の要職者が死去してしまった事態を受け、鉄道当局は列車内にトイレを整備するようになりました。

当時の列車トイレは単に床に穴が空いているだけの構造で、そのまま汚物を線路の上に垂れ流している状況でした。これでは不衛生ですが、水洗トイレが普及していない時代のトイレは汲み取り式が当たり前だったので、列車トイレは不衛生ながらも黙認されました。それは列車で水洗トイレの導入が技術的に不可能だったからです。

列車内のトイレがタンク式と呼ばれる、車内に貯留する方式へと変わるのは東海道新幹線の登場がきっかけでした。東海道新幹線は東京五輪で日本を訪れる外国人観光客の利用も想定していたので、当時の日本人には使い慣れていない洋式トイレも整備されました。

しかし、鴨宮モデル線区は短い距離だったことや実験線という事情もあり、誰も車内で用を足さず、トイレ問題は見逃されてしまったのです。

水洗トイレへと改善すれば衛生状態は飛躍的にアップしますが、それには列車内にタンクを備え付け、水を貯留しなければなりません。基本的にトイレが必要な列車は長距離を走っていますから、その移動分だけ多くの人が利用します。多くの人が利用することを想定すると貯留する水も大量になり、それは車両の重量にも影響します。重くなれば、当然ながらスピードを出せなくなるのです。

新幹線のトイレ問題は、新幹線のウリでもあるスピードを殺しかねない重要な問題でした。在来線は汚物に消毒液を混ぜて粉砕し、タンクに蓄えてから消毒を完了した後に垂れ流す方式を採用していました。しかし、この方式も車外に垂れ流していることに変わりはありません。

不衛生なトイレは外国人観光客から奇異の目で見られ、日本は変な国と思われるのは心外です。そこで新幹線のトイレは車外へ垂れ流しをしないように改善する機運が高まったのです。

東海道新幹線では、排泄物と洗浄水をともにタンクに蓄えるタンク式が採用されることになりましたが、タンクの設置スペースが大きくなることから、時代とともに改良が加えられていきます。そして排泄物のみをタンクに蓄えて、洗浄水はフィルターを通して再利用する循環式と呼ばれるトイレへと改善されていきます。

さらに国鉄は水の使用量を減らす努力を重ね、空気の気圧差を利用して汚物をタンクまで運ぶ真空吸引式を開発します。

こうした新幹線のトイレ技術は、日本の南極進出にも大いに活用されました。日本の公式的な南極観測は昭和31（１９５６）年から始まりますが、当初は大型の発電機が持ち込めず、昭和基地のトイレは棟外に設置された汲み取り式でした。それが、昭和41（１９６６）年に新幹線で導入されていた真空吸引式へと切り替えられたのです。

東海道新幹線の開業は、東京五輪と合わせて日本の高度経済成長を象徴する出来事になりましたが、その後も水面下で技術者たちは微修正という形で改良を加え、より快適な新幹線へと人知れず進化していくのです。

4 新幹線に魅了された国家元首たち

昭和天皇も大喜び

昭和天皇・香淳《こうじゅん》皇后両陛下が初めて新幹線に乗車したのは、開業翌年の昭和40(1965)年でした。

この年は鳥取県で植樹祭が開催されることになっていたので、両陛下は東京駅―新大阪駅間の全区間を乗車しました。添乗したのは、宮内庁と国鉄の新幹線支社(現・JR東海新幹線鉄道事業本部)の職員です。

それまでにも両陛下は鉄道に乗って全国各地へ出かけることはありましたが、その際は「お召列車」と呼ばれる特別編成の列車に乗ることが一般的でした。

お召列車は御料車と呼ばれる特別車両を組み込んで運行されますが、基本的に一般乗客が混乗することはありません。そうしたお召列車の運行体制は、東海道新幹線でも受け継がれる予定でした。国鉄は新幹線の運行開始にあたり、宮内庁に天皇専用車両を製造するべきか否かを問い合わせています。

昭和天皇は戦後に一般国民と同じような生活感覚を貫き、開かれた皇室を標榜しました。そうした意向を踏まえて、宮内庁は「天皇専用車両を製造することは不経済にあたるから不要」と回答。国鉄も意を汲んで、天皇専用の新幹線車両を製造しませんでした。

ただし、両陛下が乗車する新幹線車両は、警備上の観点から窓が防弾ガラス仕様になっています。また、両陛下が乗車する車両と、その前後は関係者だけの貸切車両になり通路の通り抜けも禁じられていました。

そうした制約も、時代とともに少しずつ緩和されていきます。近年は両陛下と同じ車両に一般人が混乗することもあり、その際は2列ほど席を空けるといった具合に柔軟な対応がとられます。

新幹線に初乗車した昭和天皇は、鉄道少年のように興奮を隠しきれなかったようです。昭和天皇は科学技術に関心が高く、ゆえに鉄道を革命的に変える新幹線にも相当な興味を抱いていたことは想像に難くありません。昭和天皇は新幹線の乗車前から運転台の見学を希望し、宮内庁を通じて国鉄にも意向を伝えていました。

運行開始当初の新幹線は運転台に2名の乗務員を配置。一人は運転を担当し、もう一人は検査業務を担当しました。そのため、運転台には2名分の席があったわけですが、昭和天皇が初乗車した際には、もう１名分の席が追加で用意されていました。席が用意されていたということは、昭和天皇の見学がそれなりの時間になることが想定されていたということです。

両陛下の乗った新幹線が小田原駅付近に差し掛かると、侍従は添乗していた新幹線支社長に見学することを伝えます。あらかじめ準備はしていたものの、本当に見学をするとは思っていなかった新幹線支社長は大いに慌てました。

しかし、昭和天皇の申し出を断るわけにはいきません。昭和天皇は浜松駅を通過してから蒲郡《がまごおり》付近までの約50キロメートル区間で、運転台をお忍び見学しました。

運転台を見学した昭和天皇は、「ＣＴＣ（列車集中制御装置）は運転もリモートコントロールしていて、運転士は座っているだけか？」といった専門的な質問をしています。

ＣＴＣという専門用語を使って質問をしているあたり、昭和天皇の新幹線に対する興味・関心がうかがえます。

エリザベス女王来日とストライキ

昭和天皇と同じく、新幹線に乗車することを楽しみにしていたのがイギリスのエリザベス女王です。エリザベス女王は、昭和50（１９７５）年7月5日に羽田空港に降り立ちました。

羽田空港に到着した翌日の朝刊各紙には、総理（現・内閣）府による政府広報の広告が掲載されました。新聞紙面ではエリザベス女王が滞在する10日間で日英親善が深まることを訴え、国民に広く協力を呼びかけています。

政府が、わざわざ新聞各紙を使って大々的に協力を呼びかけたのには理由があります。エリザベス女王は同伴した夫のエジンバラ公と国賓として遇され、政府主催の公式行事に参加する予定が組まれていました。

それだけだったら、エリザベス女王一行は東京滞在だけで終わるので特に国民へ協力を呼びかける必要はなかったことでしょう。公式行事を終えた後、エリザベス女王夫妻は東海道新幹線に乗車して京都へ向かう予定になっていたのです。

イギリスの王室と日本の皇室の深い関係を考慮すれば、エリザベス女王が来日後に歴史と伝統のある京都へと足を運び、神社仏閣をはじめとする日本文化を視察・体験することは日英友好を深めるチャンスです。

しかもイギリスは鉄道発祥の国です。そんなイギリスの国家元首であるエリザベス女王が東海道新幹線に乗車することは、政府関係者のみならず鉄道関係者にとっても一世一代の晴れ舞台となると国鉄関係者は意気込みました。

東海道新幹線は国鉄が運行する列車ですが、それとは直接的に関係がない私鉄や市電などの鉄道事業者や鉄道車両・施設などのメーカーといった日本の鉄道関係者にとってもエリザベス女王の新幹線乗車は大きな意味を持っていました。日本の鉄道技術が世界に認められることを意味するからです。

エリザベス女王が日本の地を踏んだ日は、奇しくも日本私鉄組合総連合会が日本民営鉄道協会との賃上げ交渉に進展が見られないことを理由に全面24時間ストライキに突入した日でした。ストは大手私鉄10社によるもので、ここに国鉄は含まれていません。

国鉄はスト当日でも始発から列車を運行していました。しかし、私鉄との連帯を示すために国鉄労働組合（国労）と国鉄動力車労働組合（動労）も午後からストを決行します。国鉄では、ストの影響で在来線の特急と急行列車の運行が取り止めになりました。

翌日からは、新幹線を含む国鉄全線のストが予告されていました。総理府が新聞各紙に政府広報を打ったのは、ストによってエリザベス女王の日程が大幅に狂ってしまうことを予見していたからです。

スト権ストと順法闘争

公共事業体である国鉄には、公務員と同様にスト権が認められていません。国鉄の職員も労働者であることに変わりはなく、スト権がないという待遇に不満を抱く職員がいたことは事実です。

そうした待遇の改善を訴えるべく、運転士や車掌、駅員といった現場の職員は「スト権スト」や「順法闘争」で経営陣に対抗していました。

スト権ストとは、「国鉄職員にもスト権がある」という要求をするストのことです。スト権ストは、あくまでもスト権を要求してストをしているという建前なので、スト権ストは違法とまでは言えない、ギリギリの行為でした。

国鉄などの公共交通は毎日の通勤・通学で使用するインフラです。国鉄のスト権ストは鉄道車両にペンキやスプレーで「スト権奪還」「合理化反対」といった文字を書いて世間に視覚的に訴える手法を多用しました。そうした手法から、国鉄のスト権ストは多くの人たちの記憶に残りました。

国鉄のスト権ストは市民生活に密接に関係するから影響が出やすく、しかも目に見えやすい点から国鉄の専売特許のように語られます。しかし、スト権が認められていなかったのは国鉄だけではありません。

専売公社（現・JT）や日本電信電話（現・NTT）の3公社のほか、郵便・印刷・造幣・林野・アルコール専売といった5現業もスト権がありませんでした。それゆえに、これらの業界や団体でもスト権ストを実施していました。

他方、順法闘争は国鉄特有といえる手段です。本来の鉄道は時間通りに運転されていますが、事故や気象の影響といったアクシデントが起きると、それらに対処できる運転体制へと切り替えます。

例えば、普段は制限速度よりも余裕のあるスピードで走っている電車を制限速度一杯までスピードアップして遅れを取り戻すといった具合です。

順法闘争は、それらを逆手に取って法律を遵守した運転を心がけることで回復運転に支障をきたすというものでした。これは、抗議している労働者側から見ると、「法律を守って運転しているのだから、文句を言われる筋合いはない」という主張です。

昭和の日本では労働組合によるストは珍しくありませんでしたが、それでも国鉄のスト権ストは市民生活に大きな影響を与えたこともあり、ニュースになるほど社会の大きな関心事だったのです。そして、当時の世相はスト権ストに振りまわされながらも、そうした行為に出る組合員たちにも一定の理解を示す雰囲気がありました。

総理府は国鉄のストが労働者の賛同を得ることを恐れ、エリザベス女王の来日中にストを決行させまいと新聞広告を打ちました。総理府の政府広告には女王の顔写真とともに新幹線の写真が添えられています。この広告からは、総理府が国労・動労にストを中止するように促そうとする意図が読み取れます。

公共事業体である国鉄は経営方針に政府の意向が大きく反映されるとはいえ、総理府と国鉄は別組織です。エリザベス女王の来日に合わせて出稿された政府広告は、総理府と国鉄が一体化していることを暗に示すものといっていいでしょう。

実際、国鉄の運賃は国会の審議を経なければ改定することができませんでした。そのため、後年の国鉄はインフレの影響で運賃の値上げを毎年のように繰り返すようになります。こうした状況では安定的な経営は望めず、政府は国会審議がなくても運賃の値上げを可能にする条項の改正をしました。

ようやくかなった女王の新幹線乗車

労働組合によるスト権ストの範囲が及ぶのは、あくまでも組合員に限定されています。管理職は組合員になれません。女王の日程を狂わせないためにも、国鉄内では管理職だけで新幹線を運転する案も出ていました。

当時の運輸大臣だった木村睦男《きむらむつお》は国鉄から管理職だけで新幹線を動かすことを国鉄側から提案されていますが、木村は安全の観点から承諾しませんでした。

木村は鉄道省から参議院議員に転じた経歴の持ち主だったので、そんなアクロバティックな体制で新幹線を動かしたら事故やトラブルを起こしかねず、それはスト以上に国鉄の面目が潰れてしまうと危惧していたのかもしれません。

それでも国鉄は最後の最後まで結論を出さず、新幹線の運転を諦めませんでした。最終的に、国鉄はエリザベス女王が乗車する新幹線一本だけを運転するとの決断を下します。そして、その決断は外務省や運輸省、警察庁に伝達されました。

ところが、イギリス側から「スト中にもかかわらず、女王陛下のために特別に新幹線を運転することは避けてほしい」との申し出があり、エリザベス女王の移動は空路へと変更されたのです。

イギリス側が往路での新幹線乗車を空路へと切り替え、日本政府に新幹線の運転を強行しないように伝えたのには理由があります。当時のイギリスでもストライキは珍しくなく、国内でもストの影響で女王の日程が変更になったことがあったからです。エリザベス女王も昭和天皇と同様に、できるだけ特別扱いをしないでほしいという考えがあったのでしょう。

こうしてエリザベス女王は羽田空港から大阪国際空港（伊丹《いたみ》空港）へと飛び、そこから京都へ向かうルートをとりました。京都に滞在後、エリザベス女王は近鉄特急で三重県の伊勢神宮を訪問。さらに三重県の鳥羽へと移動して宿泊をしています。

全日程を終えた女王は、羽田空港からイギリスへと帰国する予定になっていました。鳥羽からは再び近鉄特急に乗って名古屋駅まで移動し、そこから新幹線に乗る予定が事前から組まれていました。

国鉄のストは、女王が機中の人となっている間に解除されていました。楽しみにしていた新幹線の乗車が、帰路でようやく実現したのです。

女王一行は、定刻よりも早めに名古屋駅に到着。特別室で休憩がてら待機していました。待ちきれなかった女王は「新幹線が入線してくるところを見たい」と国鉄職員にリクエストします。そして早めにホームへと移動しました。

女王が乗車する予定になっていた新幹線は、16両編成でした。そのうち、16号車から11号車までの6両が女王夫妻およびイギリス側の随行員、そして外務省・国鉄職員関係者の貸切でした。

しかし、一編成を丸ごと貸切列車にすることはなく、1号車から10号車までは一般乗客が乗車しています。このあたりも開かれた皇室を標榜し、特別扱いを望まない昭和天皇と考え方が近かったと言えます。

こうした運行体制だったことを考えると、往路時にイギリス側が「スト中にもかかわらず、女王陛下のために特別に新幹線を運転することは避けてほしい」と申し出たことも納得できます。

「時計より正確」の面目躍如

ホームに滑り込んできた新幹線は、福岡県の博多駅始発でした。当日の九州は大雨で、その影響から名古屋駅の到着は2分遅れになっていました。

ホームで楽しみに待っていた女王は、「どちらから新幹線は入ってくるのですか?」と駅長に質問。ホームに入線した新幹線をじっくりと眺め、それから女王一行は乗り込みました。

女王一行の乗車はスムーズに済みましたが、問題は荷物の積み込みでした。女王一行の荷物はスーツケースなど172個もあり、わずかな停車時間でこれらを積み込むのは至難の業です。荷物の積み込みは日本通運が担当しましたが、人海戦術で対応して遅延を1分に収めました。

遅延は拡大したものの、女王新幹線は無事に名古屋駅を出発。豊橋駅を通過した頃、日本食堂によるランチボックスが提供されました。そして、浜名湖を通過時に新幹線はスピードダウン。これは浜名湖の景色を堪能してもらおうという国鉄の配慮でした。

また、昼食を終えた頃に富士山が見える予定になっていたので、女王一行に富士山を堪能してもらうべく、ここでも再びスピードダウンしています。

女王新幹線は名古屋駅に到着する時点で遅延していましたが、こうした配慮で東京駅に定刻通りに到着することが絶望的でした。

当時の新幹線は、時速２１０キロメートルを超えるとＡＴＣと呼ばれる自動列車制御装置によって自動的に減速するシステムが導入されていました。そのためスピードアップして遅れを取り戻すことには限界があったのです。

それでも女王が乗る新幹線の運転士は東京駅の定刻到着を諦めず、ＡＴＣが作動しないギリギリの速度で新幹線を運転しました。そして、東京駅には定刻通りに到着させることに成功したのです。

新幹線乗車前、女王は名古屋駅長に「新幹線は時計よりも（時刻が）正確だと聞いています」と話しています。運転士の卓抜した運転技術により、無事に定刻で到着したことは国鉄全職員の誇りになったことでしょう。

東京駅のホームでは、東京駅長とともに国鉄総裁の藤井松太郎が出迎えました。

藤井は十河の新幹線計画に反対して技師長を解任させられ、国鉄を去っています。十河の後任である石田礼助が新たな総裁に就任すると、藤井は国鉄に呼び戻されました。そして、時の総理大臣だった田中角栄から要請されて、昭和48（１９７３）年に第7代の国鉄総裁に就任しています。

新幹線に反対していた藤井が、エリザベス女王の乗車という晴れがましい舞台でスポットライトを浴びたことは皮肉な話です。

東京駅到着後、藤井はエジンバラ公から「新幹線は1日にどのぐらい走っているのですか？」との質問を受けました。そして、誇らしげに「16両編成で、1日に片道約120本を運転しています」と答えています。藤井の回答からも新幹線がすでに日本の大動脈になり、日本に欠かせないインフラになっていることが読み取れます。

エリザベス女王が新幹線を体験した3年後の昭和53（1978）年には、中華人民共和国の鄧小平国家副主席が来日。東京駅―京都駅間で新幹線に乗車しました。

平成3（1991）年にはソビエト社会主義共和国連邦のゴルバチョフ大統領が来日して東京駅―京都駅間で新幹線を体験。これで日ソの友好が深まると思われましたが、同年にはソ連は崩壊しています。

夢の超特急と呼ばれた東海道新幹線は、日本国民を魅了した高速鉄道でした。その圧倒的なスピードは日本国民のみならず、海外の要人たちをも虜にし、世界の鉄道への意識を大きく変えたのです。

5 高度経済成長後の新幹線

長岡鉄道社長・田中角栄

東京五輪後、東海道新幹線は多くの人たちに利用されるようになりました。東海道新幹線という高速鉄道は日本の経済構造を大きく変えるほどのインパクトをもたらしたのです。例えば、それまで宿泊を伴っていた出張は日帰りになりました。また、拠点都市に置かれていた支店や営業所などが集約・統合されるといった変化も起きました。

高度経済成長のシンボル的な存在でもある東海道新幹線は、いわゆる太平洋ベルト地帯を走っています。東海道新幹線の沿線は商工業が盛んな都市が多く存在しています。それらの都市は新幹線開業前から日本経済を支える都市でしたが、新幹線開業という追い風を受けて産業はより活発化し、経済力も増しました。

高度経済成長は日本全体が豊かになった黄金時代ではありますが、太平洋側と日本海側では経済的な発展に大きな差が見られました。

そうした太平洋側と日本海側の格差に着目したのが、田中角栄です。田中は昭和47（1972）年に『日本列島改造論』を出版。同書は高度経済成長で日本の経済力は大きく伸長したものの、その富が太平洋側に偏重していることを指摘しています。

そうした格差を解消していくことが日本全体の経済発展につながるとし、今後は日本海側の都市を発展させることを目指していくと主張していました。

田中は日本海側の都市を発展させるための手段として、これまで富の恩恵を得ていない地域に工業や企業が進出できるようにインフラを整備することの重要性を説いています。同書は、タイトルそのままに日本列島の改造を高らかに謳った本でした。

田中は権力を用いて地方都市に利益を誘導する政治を武器にしていました。そして、それは地方都市の選挙民から支持を得ます。そうした田中の手法は、総理大臣に就任する前から発揮されていました。

田中角栄（出典：首相官邸ホームページ）

田中が鉄道との直接的な関わりを持つことになったのは、昭和25（１９５０）年に長岡鉄道の社長に就任したことでした。
長岡鉄道は大正４（１９１５）年に開業した私鉄で、大正10（１９２１）年に来迎寺《らいごうじ》駅―寺泊《てらどまり》駅間の約39・１キロメートルが全通しています。

長岡鉄道の沿線は農村然としていたこともあり、利用者は多くありません。戦後、石炭価格高騰の煽りを受けて、非電化だった同鉄道は経営が苦しくなっていました。経営危機に直面した長岡鉄道の社長は辞任。沿線住民たちは田中に社長に就くように要請し、田中に会社再建が託されるのです。

田中は再建策として、東條英機《とうじょうひでき》内閣で鉄道大臣を務めた八田嘉明《はったよしあき》や鉄道省出身の佐藤栄作を顧問に迎えます。そうした鉄道人脈をフル活用しつつ、電化工事には西村英一《にしむらえいいち》を頼りました。西村は東北帝国大学工学部電気工学科を卒業後に鉄道省に入省。鉄道省では主に電化に取り組みました。そうした来歴から、西村は「電化の神様」との異名で呼ばれることもありました。

田中は自分の人脈を駆使して長岡鉄道の再建に取り組みましたが、肝心の電化工事は資金のメドが立っていません。そこで、田中は一計を案じます。営業科目に砂利採取販売業を追加したのです。

当時は戦後復興が終わりを迎えつつあった時期ですが、引き続き砂利の需要は高く、政府も砂利採取販売業を必要な事業に位置づけていました。

砂利採取販売業が営業科目として追加されたことで、長岡鉄道は日本開発銀行から融資を引き出すことに成功します。その集まった資金で電化工事に着手し、昭和26（1951）

年に一番電車が走りました。

全線電化が完了した長岡鉄道は、スピードアップを実現して所要時間を短縮。運転本数も増えて、利便性は増しました。しかし、長岡鉄道は国鉄の長岡駅に直接つながっていないため、利用客は伸び悩みます。そこで経営の合理化を図るため、昭和35（１９６０）年に長岡鉄道・栃尾電鉄・中越自動車の３社が統合。それら３社が統合して発足した越後交通の社長に田中が就任します。

新幹線を全国に

田中は越後交通で地盤を固めていきますが、昭和44（１９６９）年頃から東海道新幹線だけではなく、全国に新幹線網を広げようという機運が自民党と国鉄の内部から高まっていました。田中は、そこに目をつけます。

当時の田中は幹事長という要職にあり、政財界から毎日のように陳情が持ち込まれていました。そんな多忙の中、国鉄総裁の磯崎叡と国鉄出身の参議院議員だった江藤智《えとうあきら》が田中のもとを訪れたのです。

３人の前には地図が広げられ、田中はその上に赤鉛筆を走らせました。一本目の線は東京から新潟まで引かれました。言うまでもなく、田中の選挙区です。その後も、東京から東北を抜けて札幌へ、さらに北陸へ、四国へ、九州へと次々に赤線が引かれていきます。

その3人の会合直後に、7200キロメートルにもおよぶ新幹線網が盛り込まれた新全国総合開発計画（二全総）が閣議決定されるのです。つまり、田中が磯崎と江藤の眼前で引いた赤線は、政府が今後に建設する新幹線だったのです。

『日本列島改造論』の出版で人気に火が点くと、田中はそのまま自民党総裁選に勝ち、内閣総理大臣に就任しました。そして、日本全国に角栄ブームを巻き起こします。

田中は国土庁の発足を悲願にしていましたが、田中内閣の成立から2年後に国土庁は実現しています。そして、国土庁の初代長官には長岡鉄道で協力してくれた西村が抜擢されたのです。

国土庁を実現した田中は、それ以降は地方を発展させるためにインフラ整備に力を入れていました。なかでも新幹線は「地域開発のチャンピオン」と形容するほど、積極的に建設に動いています。

ただ、これだけの話で終わってしまうと、新幹線ネットワークは田中が描いた夢物語で終わります。新幹線を現実の計画にするため、田中は各所に働きかけて全国新幹線鉄道整備法を昭和45（1970）年に成立させました。

それまでの新幹線計画は、国鉄が主導して作成していました。同法により、政治家が主導して新幹線計画が立てられるようになったのです。これは、政治家が地域の利益誘導の材料として新幹線が使えるようになったことを意味しています。

法律が成立した同年には、早くも運輸大臣の橋本登美三郎《はしもととみさぶろう》が（山陽新幹線の）次に建設される新幹線は東京―盛岡間・東京―新潟間・東京―成田間の３路線にすると明言。これら３路線は、それぞれ東北新幹線・上越新幹線・成田新幹線として整備が進められていきました。

３路線の整備が明言されると、ほかの地域からも新幹線を望む声が出てきます。国会議員を先頭に知事・市長、そして地方議員たちは「おらが町にも新幹線を！」と意気込み、競うように新幹線の誘致合戦を繰り広げました。

大阪万博とヨン・サン・トウ

政治家たちが新幹線誘致に熱をあげていた理由は、その年に開催されていた日本万国博覧会（大阪万博）と関係が少なからずあります。

大阪万博は東京五輪に続く日本の国家事業として歴史的に位置付けられていますが、日本が万博の誘致に動いたのは昭和39（１９６４）年。つまり、東京五輪が開催された年でした。

東京五輪を契機にしたインフラ整備は、開催地である東京に開発リソースが重点的に投下されました。これは当然のことです。

しかし、開発リソースが東京に重点的に投下されたことで、思わぬ弊害が起きます。それが、東京一極集中という現象です。

戦前期まで、日本の国土は帝都の東京、古都の京都、商都の大阪といった具合に、各地の都市がそれぞれの個性を発揮して発展してきました。

戦後は東京ばかりが発展し、東京が経済力で一人勝ちの状態になりました。東京ばかりに経済的恩恵が集中すると、弊害も起きます。例えば、東京近郊では不動産価格が高騰し、東京に一般庶民が家を構えられなくなりました。同様に、東京近郊では大規模な工場の開設が難しくなっています。

庶民が東京に住めなくなれば、当然ながら近郊都市から通勤しなければなりません。東京で働く労働者は通勤のために往復で2時間を費やさなければならず、それは労働生産性の観点からも非効率でした。

東京一極集中という過密によって起きる都市問題を解決するには、東京のオフィスや工場といった事業所を近郊都市へと移転させることが対策として考えられます。

そうした東京以外の都市を発展させるという観点から大阪万博の誘致が始まり、幸いにも大阪万博の開催はすぐに決定しました。

大阪では万博開催を機にインフラ整備が進められ、大阪の経済活性化も期待されました。国鉄は万博に多くの人が足を運ぶことを想定して、昭和43（1968）年10月1日にダイヤ改正を実施します。このダイヤ改正は「ヨン・サン・トウ」と呼ばれる鉄道史にも記録される大規模なものになりました。

国鉄はヨン・サン・トウを断行するため、事前より各路線の複線化・電化工事を進めていました。そして、ヨン・サン・トウが実施されたことで約9万キロメートル分の列車が増発したのです。

ヨン・サン・トウの主な内容は在来線の運転本数を増加させたことですが、翌年には東海道新幹線が増発のダイヤ改正を実施するなど、各方面に影響を与えていました。速達列車である「ひかり」を1時間に3本、各駅停車タイプの「こだま」を1時間に3本運転するように変更されたのです。

それだけでも東海道新幹線の輸送力は飛躍的にアップしたわけですが、国鉄は万博を目前にしてさらに畳みかけます。それが「ひかり」の16両編成化です。

開業時の新幹線は全列車が12両編成で運行されていましたが、年を経るごとに利用者は増加していきました。国鉄は運転本数を増やして需要増に対応していましたが、それも限界に近づいていました。そこで、国鉄が打ち出したウルトラCが16両編成化だったのです。

大宮と東京をつなげ

大阪は江戸時代から栄えた大都市です。特に大正期には工業化が著しく進展して、大大阪と形容されたこともありました。

東海道新幹線の輸送力増強は、いわば東西の二大都市が競うように発展を遂げることを意味するものでした。それは日本の均衡ある国土の発展にも寄与する取り組みです。

しかし、大阪も東京と並ぶ日本を代表する経済都市です。東京の一極集中を緩和する目的で大阪を発展させても、東京の一極集中が東京と大阪の二極集中に変わるだけです。これでは均衡ある国土の発展は望めません。

全国新幹線鉄道整備法が成立した同年に発表された東北・上越新幹線は、東京の富を地方都市へと移す狙いがありました。そして、東北・上越新幹線は昭和57（１９８２）年に実現します。

当初の東北・上越新幹線は東京駅発着ではなく、大宮駅発着でした。大宮駅発着では東北・上越新幹線の開業効果が中途半端になってしまいます。なぜ、大宮駅発着という事態になったのでしょうか？

それは大宮駅―上野駅間にある与野市・浦和市（ともに現・さいたま市）・戸田市の3市が猛烈に反対して、建設がスムーズに進まなかったからです。

浦和市・与野市・戸田市には東北本線や京浜東北線が走っており、それらを使えば大宮駅へのアクセスは容易です。新幹線が大宮駅以南を走って東京につながっても3市の市民にはメリットがありません。

その一方、新幹線が走ることで振動や騒音が発生して日常生活に支障を及ぼす可能性がありました。

メリットはないのに、リスクだけを受け入れることはできないと反対する市民の気持ちは十分に理解できます。なぜなら、新幹線が運行することによって引き起こされる騒音と振動は、すでに東海道新幹線の沿線で公害として問題視されていたのです。

愛知県名古屋市では、昭和49（1974）年に東海道新幹線の騒音に端を発した名古屋新幹線訴訟が起こっています。

同訴訟では沿線住民575人が国鉄を相手取って損害賠償を請求しただけではなく、一定の騒音と振動を発せさせないために名古屋市内は減速して走ることを求めました。

新幹線の騒音や振動が訴訟にまで発展したのはこの一件だけでしたが、そのほかの地域でも新幹線に対する不信感は高まっていました。

名古屋新幹線訴訟が起きた翌年には、環境庁（現・環境省）が騒音に関する環境基準を定めます。これを機に、環境だけではなく日照権や静穏権といった生活権が注目されるようになるのです。

生活権は日本国憲法25条に保障されている生存権に基づく権利とされていますが、それまでの日本は戦災復興や高度経済成長といった荒廃した国土の復興や経済の発展を優先してきました。そのため、生活権が疎かにされていたのです。

経済的に豊かになって日々の暮らしが安定してくると、こうした生活権への意識が向上していきます。そうした社会的環境の変化に、国鉄も敏感に反応していました。その一端を示すのが昭和51（１９７６）年に導入された禁煙車です。

東海道新幹線に導入された禁煙車は、16両編成中のたった一両だけでしたが、それが大きな一歩になっていきます。禁煙車の導入を契機に、ひかり号にも禁煙車を導入する署名運動が全国で始まります。この運動の源流にあったのが、昭和53（１９７８）年から広まっていた嫌煙権です。嫌煙権確立を目指す人びとの会が提唱した嫌煙権は、社会の賛同を得ました。そして、急速に世間へと浸透していたのです。

その後も新幹線内での嫌煙傾向は拡大し、現在は東海道新幹線のみならず直通で乗り入れる山陽新幹線も全車が禁煙車両になっています。

そんな生活権が高まっていた時代背景もあり、東北・上越新幹線の大宮駅以南の建設を強行することはできなかったのです。

東北・上越新幹線が大宮駅発着では使いづらい面があり、国鉄は何とか東京方面への延伸を模索します。当時の埼玉県知事だった畑和《はたやわら》は革新系と呼ばれ、住民の生活を重視する政策に取り組んでいました。それでも東北・上越新幹線の大宮駅発着をどうにか解消しようと苦悩する日々でした。

国鉄と埼玉県は、大宮駅以南の住民にも東京延伸の恩恵を得られるように、大宮駅から池袋・新宿・渋谷といった東京西側の副都心とつながる埼京線の整備を確約します。これは明らかに浦和市・与野市・戸田市の住民に対する新幹線整備の補償、便宜供与といった側面がありました。

また、大宮駅以南の3市だけではなく、大宮駅周辺の上尾《あげお》市や伊奈町にも見返りとして埼玉新都市交通を整備することを約束します。こうした懐柔策によって、自治体や住民たちも少しずつ大宮駅以南の建設を同意する姿勢へと転じていきました。

そして、昭和58(1985)年に東北・上越新幹線は上野駅まで延伸開業します。長い時間を費やして開業に漕ぎ着けることができた東北・上越新幹線は、東北・上越地方の経済活性化が期待されていたわけですが、新幹線が開通しただけでは自動的に地方が活性化するわけではありません。なかには、新幹線の開業によってストロー現象が起きてしまい、逆に衰退した都市もありました。新幹線は何でも夢が叶う魔法の杖ではないのです。

成田新幹線の跡地利用

運輸大臣の橋本登美三郎が口にした3線のうち、東北・上越新幹線は実現しました。しかし、成田新幹線だけは実現していませんでした。

成田新幹線は昭和49（1974）年に着工されましたが、路線予定地の住民や東京都知事の美濃部《みのべ》亮吉《りょうきち》から激しく反対されたこともあって建設は中止に追い込まれたのです。

成田新幹線のために確保された土地や建設されていた線路・橋脚など一部の構造物は、長らく放置されました。これが当時の運輸大臣だった石原《いしはら》慎太郎《しんたろう》の目に留まり、再活用が模索されるのです。

石原大臣の指示により、成田新幹線の未使用地は成田空港高速鉄道に転用されることになります。成田空港高速鉄道とは、一般的に聞きなれない鉄道会社だと思います。これは第三種鉄道事業者といわれる、線路を保有するだけの鉄道会社です。

鉄道事業者は、その性格上から3つに分類することができます。第一種鉄道事業者は自身で線路などの施設を保有し、そこに列車を走らせる鉄道会社です。第二種鉄道事業者は線路などの施設を借りて列車の運行だけに専念する鉄道会社です。第三種鉄道事業者は線路などの施設を貸して自身は列車の運行をしない鉄道会社です。

多くの人が思い浮かべる鉄道会社は第一種鉄道事業者で、JR東日本・東海・西日本などがこれに該当します。

第二種鉄道事業者に該当する鉄道事業者は、JR貨物が有名です。JR貨物は自社で線路も保有して運行もしていますが、大半は他社から線路を借りて貨物列車を走らせています。

そして、成田空港高速鉄道の第三種鉄道事業者です。近年、ローカル線は収支のバランスが崩れて慢性的な赤字路線と化しています。その救済策として、線路などの施設を自治体が保有し、運行する鉄道会社に貸すといった上下分離方式を採用する事例が増えています。

こうした上下分離方式では、自治体が第三種鉄道事業者、そして運行だけを担当している鉄道事業者が第二種鉄道事業者という位置付けになります。

成田空港高速鉄道には京成とJR東日本の電車が走っていますが、それらの線路は両社が保有しているわけではありません。通行する際に成田空港高速鉄道へ線路使用料を支払っているのです。そのような仕組みにすることで、京成とJR東日本が線路を保有することなく、成田空港へ直通する電車を走らせることができるようになっています。

こうしたスキームにより、両社は線路を建設しなくてもよく、維持管理の費用、固定資産税も負担せずに済みます。鉄道会社の経済的な負担を軽くするために、成田新幹線の線路は活用されたのです。

第4章

黄金時代の鉄道とマイカー普及による交通の世代交代

1　下山事件と国鉄スワローズ

戦後最大のミステリー・下山事件

昭和23（1948）年頃から戦後の混乱は収まりつつあり、終戦直後には日常風景だった鉄道の混雑も少しずつ緩和されていました。

こうした社会の変化を見て、GHQ（連合国軍総司令部）は国家公務員法の改正に着手します。GHQは、政府主幹事業だった塩・たばこ・樟脳の専売や鉄道などを一般的な公務員制度の枠から除外し、新たに公共事業体として事業へと移行するように指示したのです。

同様に、政府は運輸省から鉄道事業を分離させました。そして昭和24（1949）年6月に日本最大の企業とも言われる日本国有鉄道（国鉄）が誕生します。

国鉄は4月1日の新年度に合わせて発足するように準備が進められていましたが、公共事業体という極めて特殊で、これまでの日本には存在しない組織であることもあって発足準備に手間取りました。

国鉄が発足するにあたって、最後まで紛糾したのが総裁人事です。国鉄のトップである総裁は満鉄の理事や日本通運の社長を務め、昭和21（１９４６）年には幣原喜重郎《しではらきじゅうろう》内閣で運輸大臣を務めた村上義一《むらかみぎいち》や阪急の実質的な創業者で第２次近衛文麿内閣では商工大臣、幣原内閣では戦災復興院総裁を務めた小林一三などが候補にあがりました。

しかし、総裁最初の仕事は人員整理になることが当初から想定されていたため、誰も総裁を引き受けませんでした。そのため、最終的に運輸次官だった下山定則《しもやまさだのり》に声がかかります。当初は下山も総裁に就任することを固辞していましたが、前運輸次官という責任感から引き受けることになりました。

国鉄が大所帯になった理由は、第２次世界大戦が大きく関係しています。官営鉄道の職員も戦地に送られるようになり、その不足分を女子や少年で補わなければならなかったのです。ベテラン職員の穴を女子や少年で埋められるはずもなく、それまで通りの業務をこなすには職員数を増やして対応しました。

戦火が拡大するにつれて職員が次々と出征し、その穴を埋めるために多くの女子と少年が雇用されます。終戦前年の昭和19（１９４４）年には、職員数が46万９０００人にまで膨れ上がっていました。これは日中戦争が開戦する前年の昭和11（１９３７）年度の約２倍にあたります。

戦争によって急増した官営鉄道の職員は、戦後も復員してきた職員によって膨張を続けます。戦後は車両や鉄道諸施設が破損し、燃料でもある石炭も入手しづらくなっていました。そんな状況下で、鉄道を満足に走らせることはできません。つまり、官営鉄道の収入は減少していたのです。

他方、出征した職員を補うために雇用した女子や少年だけでも職員数が倍増しているのに、そこに復員してきたベテラン職員が加わります。昭和21年には職員数が約56万人まで増えました。これでは人件費がかさみ、官営鉄道が赤字になるのも当然です。

こうした財政悪化を受け、運輸省は第一弾として約7万5000人の整理案を作成します。これが労働組合を刺激することになり、猛烈な反対運動が起きました。組合の激しい反対は鉄道の運行がままならなくなる危険性があり、当局は即座に人員整理案を撤回します。

しかし、国鉄発足直前となる昭和24年5月に、行政機関定員法が成立。これを受け、国鉄は前回を上回る9万5000人を人員整理の対象にしました。下山が総裁に就任したのは、それから半月後です。

こうして下山には初代総裁の初仕事として人員整理を断行する任務が課されていました。元次官だった下山にとって、職員の大量リストラは本望ではなかったことでしょう。実際、下山はGHQの一部門である民間運輸局の責任者だったドン・シャグノン中佐からリスト

下山事件の現場検証を行う警察官

ラを断行するように強く迫られ、憔悴していたと言われています。
総裁に就任して間もない7月、下山は出勤途中に東京・日本橋にある百貨店の三越本店に寄りました。運転手を車内に待機させているので、ちょっとした買い物をするつもりだったと思われます。運転手もそう考えて待っていましたが、いつまで経っても下山は戻ってきませんでした。
下山は三越で消息を絶ち、翌日に常磐線の北千住駅―綾瀬駅間で轢断死体となって発見されます。警察が徹底的な捜査をしましたが、下山の死が自殺だったのか他殺だったのかは謎のままです。
一連の下山総裁の死は「下山事件」と呼ばれ、その後に多くの新聞記者やジャーナリストが謎の解明に挑みました。しかし、現在に至るまで真相は明らかになっていません。

事件は続く——三鷹事件と松川事件

下山事件が起きた10日後、今度は「三鷹事件」と呼ばれる列車暴走事故が起きます。中央本線の三鷹駅の近くには、三鷹電車区（現・三鷹車両センター）と呼ばれる車両基地があります。

三鷹電車区に停車していた無人の電車が夜中にいきなり走り出したのです。電車は時速60キロメートルの速度でそのまま三鷹駅の１番線に進入し、車止めを突き破って脱線・転覆しました。

そのまま電車は三鷹駅に隣接した商店街に突っ込み、６名が死亡。20名が負傷する大惨事になりました。この一件が三鷹事件と呼ばれています。

三鷹事件では、国労組合員で日本共産党員だった10名と非共産党員だった元運転士の合計11名が逮捕されています。そのうち一人はアリバイがあったために不起訴となり、残りの10人は起訴されましたが、裁判では元運転士以外の被告人は無罪になりました。

有罪判決を受けた元運転士は無罪を主張していましたが、昭和42（１９６７）年に東京拘置所で獄死しています。

しかし、無実を信じていた遺族や支援者によって何度か再審請求が申し立てられ、２０２４年にも再審請求が申し立てられるなど、いまだに事件の全容は解明されていません。

三鷹事件の約１か月後には、青森駅発上野駅行きの夜行列車が福島県の松川駅付近で脱線・転覆して乗務員３名が死亡する「松川事件」が起きました。警察の現場検証で明らかになったのは、線路のボルトとナットが故意に緩められており、それが原因で機関車が継ぎ目をうまく通過できずに脱線・転覆につながったということでした。

そのほかにも、継ぎ目板がはずされてレールと枕木を固定する犬釘が抜かれているなど、不自然な部分が見つかっています。そうした状況証拠から、事故ではなく事件として捜査が始まりました。

松川事件は、警察が大量リストラに反対する国労と東京芝浦電気株式会社松川工場（現・北芝電気）の労働組合員による犯行と断定しました。合計20名が容疑者として逮捕・起訴されます。

一審では20人全員に有罪判決が下されましたが、裁判が進むにつれて被告人たちの無実が明らかになっていきます。昭和34（１９５９）年の最高裁判決では二審を破棄して仙台高裁へ差し戻されました。そして、昭和36（１９６１）年の差し戻し審で全員に無罪判決が言い渡されています。

検察は再上告しますが、昭和38（1963）年に最高裁が請求を棄却。こうして被告人全員が無罪となります。結局、松川事件も真相が謎のまま現在に至っています。

国鉄スワローズ誕生秘話

下山・三鷹・松川の3事件は昭和24（1949）年に連続して起きたことから、国鉄三大ミステリー事件と総称されることがあります。これら3事件が起きたことで、国鉄は発足直後から負のイメージがつきまといました。当然、職員たちのモチベーションは上がらない状態です。

下山の死によって、副総裁を務めていた加賀山之雄《かがやまゆきお》がスライドで総裁に就任します。そして、加賀山は国鉄職員の士気を高揚させるために国鉄のプロ野球参入を模索します。

加賀山は学生時代にボート部に所属していましたが、その傍で野球にも熱中していました。東京帝国大学を卒業後に鉄道省へと入省しますが、入省後は軟式野球のチームを結成して、ピッチャーとして活躍しました。

加賀山が総裁に就任したタイミングで、大学の後輩だった今泉秀夫《いまいずみひでお》が国鉄のプロ野球参入を持ちかけています。今泉は国鉄の外郭団体だった交通協力会の理事長を務め、3大事件によって国鉄職員が意気消沈していることを気にかけていたのです。

今泉が国鉄のプロ野球参入を持ちかけたのには、ほかにも理由があります。戦後のプロ野球は娯楽に飢えていた国民の心をとらえ、人気を急上昇させていました。

そうしたブームの後押しもあり、日本プロ野球初代コミッショナーを務めた正力松太郎が2リーグ制へ意向を打ち出していたのです。

正力は読売新聞社の実質的な創業者でもあり、読売ジャイアンツを創設した人物です。黎明期から球界を牽引し、ジャイアンツを結成してから誰よりもプロ野球を振興させることに心を砕いてきました。

例えば、昭和34（1959）年にプロ野球で初めての天覧試合を企画したのも正力です。後楽園球場で開催されるジャイアンツのナイターに宮内庁を通じて昭和天皇皇后両陛下を招待したのです。

天覧試合によってプロ野球は名実ともに国民的スポーツになりますが、同時期に正力は都内各所で不動産を買収し、日本初の屋根付き球場を実現させようと奔走していました。

正力松太郎

ジャイアンツは昭和40（1965）年から昭和48（1973）年までの9年連続で日本一を達成。V9はジャイアンツにとって黄金期でしたが、創設者の正力がもっとも輝いていた時期でもありました。

正力は誰よりもプロ野球の振興に熱を入れていた人物でしたが、2リーグ制への移行には何よりも球団を増やさなければなりません。2リーグ制への移行は正力の力だけではどうにもなりません。ほかの企業にもプロチームを結成してもらい、参入してもらわなければならないのです。そこで、まず正力は大阪を地盤にしていた毎日新聞社に声をかけました。

毎日新聞社のチームがジャイアンツと別のリーグに参加してくれれば、2リーグどちらも新聞という報道機関を持つ企業が存在することになります。読売新聞社のリーグと毎日新聞社のリーグがそれぞれ新聞紙面で前日の試合内容・選手の活躍を伝えることで、プロ野球の人気はさらに高まり、野球文化の発展にもつながると考えたのです。

しかし、読売新聞と毎日新聞は商売仇です。正力の構想には読売新聞社内からも疑問の声が出ました。毎日新聞のプロ野球参入は読売社内だけではなく、他球団からも出ます。プロ野球チームは試合などの興行によって利益を得ていますが、その収益は各球団に分配されていました。新しいチームが参入すると、受け取っていた分配金が減るのではないかと他球団は心配したのです。

反対も強い中で、正力は2リーグ制の話を進めました。そして、加賀山の元にもプロ野球参入の話がもたらされるのです。

国鉄は発足直後から経費削減のために職員を大量解雇しておきながら、その一方で野球に莫大な費用を投じようとしていたわけですから、解雇された職員から見れば「オレのクビを切って浮いた金で野球をやるのか」という反感を抱くことでしょう。

そうした批判が強まれば、国鉄がプロ野球に参入する話は潰されてしまいます。加賀山からプロ野球参入のＧＯサインをもらった今泉は、極秘に起案書を作成。関係者との協議と折衝を水面下で続けました。

今泉の起案書では、興行による収入は約２０００万円。球団職員の給料や選手の年棒、球場の維持費などの経費が３０００万円。差し引き１０００万円の赤字になると収支のシミュレーションがされていました。

経費３０００万円の内訳を見ると、とてもスター選手をスカウトできるような財政状況ではありません。そこまで人件費を抑えながらも、赤字額は年１０００万円になるのです。

そんな台所事情でも、国鉄スワローズは昭和25（１９５０）年からプロ野球に参入しました。分配金問題で新規参入を反対していた他球団は、掌を返して国鉄のプロ野球参入を大歓迎しました。

なぜなら各球団は遠征のために全国を列車で移動していましたが、移動時間の制約もあり頻繁に夜行列車を使っていたからです。夜行列車といっても、体を横にできる寝台車ではありません。選手は硬くて狭いボックス席に座りながら寝ていました。そうした疲れの取れない移動を続けていたのです。

スポーツ選手にとって、身体を労わることは重要です。それにも関わらず、選手は負荷の大きい過酷な移動を強いられていました。過酷な状況を見ていた各球団のフロントは、少しでも選手の負担を和らげて最高のパフォーマンスを試合で引き出せるようにしたいと考えていました。

そうした事情から、各球団は国鉄のプロ野球参入に対して「お座敷寝台列車を製造して、遠征の移動では選手が寝ながら移動できるようにしてほしい」との要望を出しました。

今泉はお座敷寝台列車の提案を受け入れようとしましたが、国鉄の経営陣からは「そんな特別列車を製造したら、世間から冷たい目で見られる」との理由で反対されて実現しませんでした。

電車に乗って球場へ

紆余曲折はありましたが、国鉄はなんとかプロ野球に参入を果たします。選手は急拵えながらも国鉄のノンプロ選手たちをスカウトして体裁は整えました。肝心のホームスタジアムは、すぐに用意できなかったため1シーズン目は後楽園球場を使用しています。当時は国鉄スワローズのほか、読売ジャイアンツ・東急フライヤーズ（現・北海道日本ハムファイターズ）・毎日オリオンズ（現・千葉ロッテマリーンズ）・大映スターズ（現・千葉ロッテマリーンズ）の5球団がホームスタジアムとして後楽園球場を使用していました。

都心部にある後楽園球場は集客が見込めるスタジアムだったので、各球団は自分たちのホームスタジアムを持とうとせず、後楽園球場は試合日程を組むことが大変だったようです。

翌年から、国鉄スワローズは東京都武蔵野市の武蔵野グリーンパーク野球場に本拠地を置きます。同地には戦前期まで中島飛行機武蔵製作所があり、同工場では陸軍用の航空エンジンが製造されていました。また、隣接地には海軍用の航空エンジンを製造する中島飛行機多摩製作所もありました。

陸軍・海軍にとって重要な工場だったこともあり、両工場の物資輸送を担う目的で武蔵境駅から専用線が敷かれて物資列車が運行されていました。終戦後、武蔵製作所の西半分は連合国軍に接収されてしまいます。その残りの東半分には野球場が建設されたのです。

野球場までのアクセスのため、昭和26（1951）年には三鷹駅から分岐する武蔵野競技場線という支線が開業します。同支線は三鷹駅―武蔵野競技場前駅間を行き来するだけの電車でしたが、野球場の目の前に鉄道駅が誕生したことで都心からも難なく野球観戦に足を運べる環境が整いました。

国鉄は駅を新設しただけではありません。それまでは武蔵境《むさしさかい》駅から延びていた専用線の大半を転用しながらも、都心からのアクセスを重視して三鷹駅から電車を走らせられるように線路を付け替えています。

当時の三鷹駅は2面4線の配線構造でしたが、一番線は東京駅方面の線路が延びていないので行き止まりになっていました。そのため、一番線の電車は八王子駅方面へと折り返すことしかできません。こうした配線構造を活用して、試合開催日は球場へ行くための電車が一番線から発着していました。

自分たちのプロ野球チームを応援する目的で、国鉄が武蔵野グリーンパーク野球場までの支線を建設したことは、それほど不自然ではありません。むしろ観戦者を増やそうとする取り組みは当然のことです。

国鉄の計画とは別に、西武鉄道新宿線の東伏見駅から武蔵野グリーンパーク野球場までの支線を延ばす計画や京王帝都電鉄（現・京王井の頭線）が吉祥寺駅から線路を延伸させて武蔵野グリーンパーク野球場を経て西武鉄道池袋線の東久留米駅までを結ぶ計画も立てられていました。こうした計画があったことからも、武蔵野グリーンパーク野球場への観戦者はそれなりに多かったのではないかと推測できます。

将来的に集客できるスタジアムとして有望視されていた武蔵野グリーンパーク野球場でしたが、国鉄は昭和26年の1シーズンだけしか使用しませんでした。その1シーズンに限っても後楽園球場を使用した回数より少なかったのです。やはり、後楽園球場に比べると郊外に立地していることがネックになったようです。

国鉄スワローズは、その後も後楽園球場をホームスタジアムにして試合を開催。しかし、戦績は上がりません。経営的にもプラスがもたらされないことから、昭和40（1965）年4月に球団経営権を産経新聞とフジテレビに譲渡しました。こうして、国鉄スワローズは幕を下ろしました。

前述したように、多くのチームが後楽園球場の立地による集客力に依存してホームスタジアムにしていましたが、そうした状態を嫌ったのが正力です。何でも自分が一番でなければ気が済まない正力は、新たな球場建設を構想します。そして都内にいくつかの候補地を見つけました。正力は、そこに日本初となるドーム球場を建設しようと奔走しましたが、昭和44（1969）年に鬼籍に入り、念願は叶いませんでした。

日本初の屋根付き球場となる東京ドームは昭和63（1988）年に完成します。昭和期に完成した屋根付き球場は東京ドームだけでしたが、平成期に入ると各地に続々と建設されていきました。

2 ディズニーの日本誘致と鉄道

テーマパークの嚆矢・東京ディズニーランド開園

日本国内では高度経済成長から暮らしの豊かさを実感できる層が増え、余暇を楽しむ風潮が強まりました。夏休みや年末年始などの長期休暇になると、家族で国内旅行に出かけることは珍しくなくなります。そうした長期休暇のほか、週末も家族でレジャーに出かけることが一般化していきました。

明治期から鉄道会社は沿線に遊園地などをつくり、それらを宣伝し沿線需要を創出してきました。明治から大正、そして戦前期までの昭和は私鉄が沿線開発の一環で各地に遊園地をつくっていたのです。

そうした流れは高度経済成長期にも見られますが、日本の遊園地を大きく変えたのが東京ディズニーランドです。

昭和58（１９８３）年に千葉県浦安《うらやす》市に開園した東京ディズニーランドは、事前に「西洋文化を集めたような遊園地は、日本の風土に合わない。必ず失敗に終わる」と酷評されていました。

ディズニーランドは弁当の持ち込みが禁止されており、園内でのアルコール類も販売していないというスタイルでした。それが日本では受け入れられないと分析されていたのです。

当時、家族をターゲットにしていた遊園地は園内でアルコール類を販売しています。これは、子供たちが園内のアトラクションで遊ぶ一方、父親はビールなどを飲みながらその姿を見守るという楽しみ方が一般的だったからです。また、母親がつくった弁当を園内で食べることも家族団欒《だんらん》のアイテムとして欠かせないものでした。

前評判は悪かったディズニーランドでしたが、その後も順調に来園者数を増やしていきます。東京ディズニーランド・東京ディズニーシーを運営するオリエンタルランドは、年度ごとの来園者数をホームページで公表しています。それを見ると、開園初年度は約９９３万３０００人の来園者を集めました。

東京ディズニーランドの開園から40年が経過して、当時のディズニーに対する厳しい見方は過去のものになっています。そもそもディズニーが独自に打ち立てたテーマパークという概念は、人口に膾炙して広まっています。

テーマパークという言葉はディズニーが創作したので、明確な定義はありません。そのため、ディズニー以外の遊園地はすべてテーマパークではないと言い切ることもできますが、ディズニーを皮切りに日本国内にはテーマパークと呼ばれる大規模レジャー施設が次々と誕生していきました。

テーマパークという概念を定着させたという事実だけを見ても、ディズニーの日本における影響力には凄まじいものがあります。しかし、本場・アメリカのディズニー経営陣も日本のメディアと同様に日本進出に対して大きな不安を抱いていました。それは開園前の経緯を見ても窺い知ることはできます。

幻の手賀沼ディズニーランド

ディズニーの日本誘致は、戦災復興が終わる昭和30年代頃から始められていました。しかし、ディズニー経営陣はなかなかクビを縦に振りませんでした。やはり、アメリカ文化のディズニーが簡単に日本で受け入れられるとは考えていなかったようです。

ディズニーを国内へ誘致しようと考えていた人物は数多く、無数のディズニー計画が存在します。例えば、興行師の松尾國三《まつおくにぞう》は昭和36（1961）年に奈良ドリームランドを、昭和39（1964）年に横浜ドリームランドを相次いで開園させました。

松尾はアメリカのディズニーランドに感銘を受けて、日本国内にもディズニーを再現しようと考えました。しかし、ディズニーからの承諾を得られず、奈良ドリームランドと横浜ドリームランドはディズニーのエッセンスを取り入れた、平たく言うところのまがい物のテーマパークになってしまったのです。

松尾のように実際に開園まで漕ぎ着けた例は少ないのですが、ディズニーを誘致する計画は無数にあり、なかには実現可能性の高い計画もありました。そのひとつが、千葉県の手賀沼《てがぬま》湖畔に計画されたものです。

同計画の実現性が高かったと断言できるのは、自治体の広報誌でもある『広報　あびこ』に計画図が掲載されたからです。自治体の広報誌に掲載されるからには、計画は最終局面まで進んでいたと考えられます。

柏市・我孫子《あびこ》町（現・我孫子市）・沼南《しょうなん》村（沼南町を経て2005年に柏市と合併）の3市町村の広大なエリアに計画されたディズニーランドは、ほかの計画や浦安沖の埋立地に結実した東京ディズニーランドと区別する意味から、関係者の間では「手賀沼ディズニ

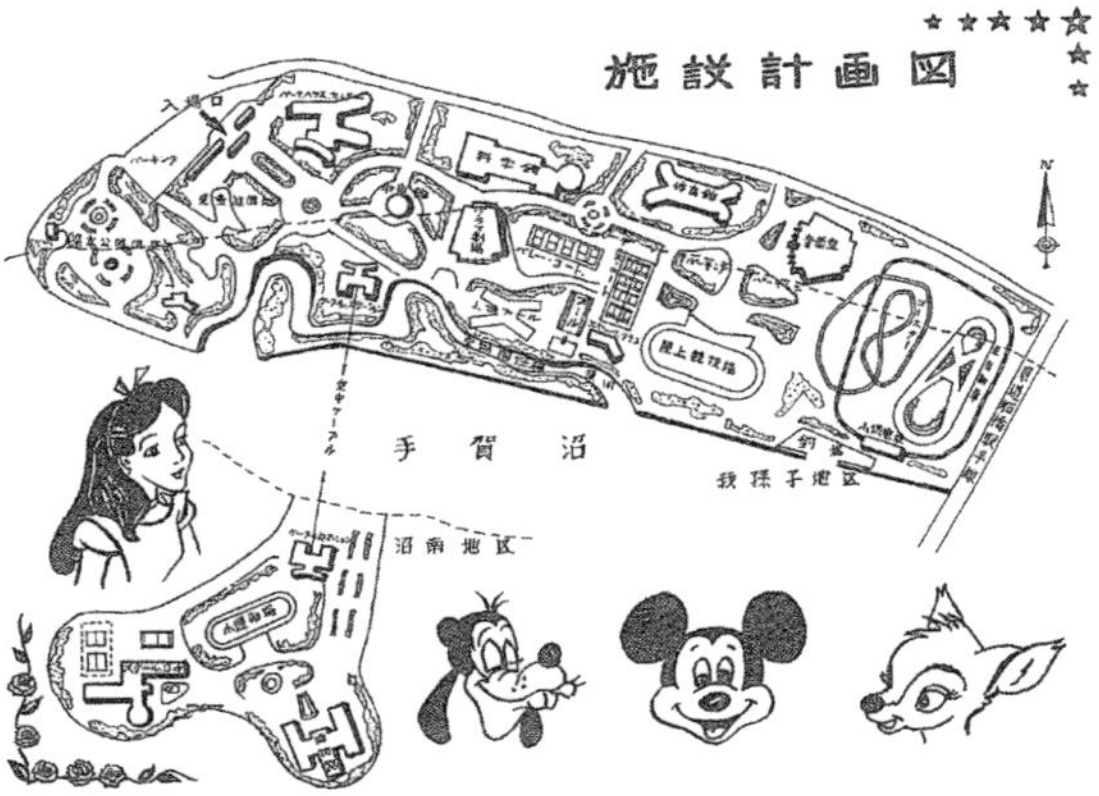

『広報　あびこ』昭和36年1月号に掲載された「手賀沼ディズニーランド」の施設設計図

ーランド」計画と呼ばれることもあります。

一時期は水質汚濁で国内ワースト1位という不名誉な称号を得ていた手賀沼に、なぜディズニーを誘致する計画が浮上したのでしょうか？　現在の手賀沼からは想像しにくいのですが、手賀沼の来歴を知ると決して不自然な話ではないことが透けて見えてきます。

現在の手賀沼湖畔は閑静な住宅街となっていて、東京のベッドタウンとしての役割も果たしています。手賀沼の最寄駅は常磐線の我孫子駅で、朝夕は通勤・通学の利用者で混雑します。

しかし、我孫子が東京のベッドタウンになっていくのは昭和40年代からで、それまでは農村然としていました。

農村然としていた我孫子ですが、明治時代

に変化を求められる大きな波が押し寄せていました。明治29（１８９６）年に日本鉄道（現・ＪＲ東日本）が駅を開設したのです。これにより、上野駅から我孫子駅までが一本の線路でつながり、東京からのアクセスが向上します。これを機に、東京近郊の景勝地として着目されて我孫子が別荘地として開発されていくのです。

　別荘地開発の端緒を切り開いたのは、日本柔道の父と知られる嘉納《かのう》治五郎《じごろう》です。嘉納は我孫子に農園を開き、嘉納後楽園と命名しました。柔道の総本山でもある講道館が東京都文京区後楽園に立地していることを踏まえると、嘉納が開いた農園は文京区の地名に由来していると推測できます。

　その後、嘉納の甥だった柳宗悦《やなぎむねよし》が手賀沼湖畔に転居してきます。民芸運動の父と称され、美術家でもあった柳を慕うように手賀沼湖畔には文人の志賀直哉《しがなおや》や武者小路実篤《むしゃのこうじさねあつ》などが邸宅や別邸を構えていきました。

　手賀沼湖畔に集まったのは主に白樺派と呼ばれる文人・美術家でしたが、世間に我孫子を別荘地として広めたのは朝日新聞記者の杉村《すぎむら》楚人冠《そじんかん》です。杉村は手賀沼湖畔に別邸を所有していましたが、関東大震災で東京が壊滅的な被害を出したことで手賀沼へと移住してきました。居住するようになった杉村は、手賀沼に関する記事を書き続けます。これらの記事が、手賀沼を全国区の別荘地へと押し上げることになったのです。

しかし、戦前までの手賀沼湖畔はあくまでも静かな別荘地でした。そうした静謐《せいひつ》な手賀沼を開発しようという機運は、昭和30年代から芽生えます。当初、湖を活用して競艇場を建設することが考えられていましたが、競艇場は手賀沼を埋め立てなければならなかったので計画は頓挫しました。

それでも手賀沼を開発するという方向性は変更されることがなく、新たに手賀沼にディズニーランドを開園させようという計画が浮上しました。

手賀沼から浦安へ

ディズニーランドへの計画変更は、決して突拍子もない話だったわけではありません。手賀沼ディズニーランドの計画を主導した川崎千春《かわさきちはる》は京成電鉄で専務取締役を務めていました。当時の京成は沿線開発の一環としてバラ園の整備に力を入れていました。

川崎はバラの買い付けをするためにアメリカへと渡り、そこでディズニーに出会います。川崎は現地でディズニーの思想に感銘を受け、帰国後に誘致へと動き出したのです。これが手賀沼湖畔へディズニーランドを建設する動きへと発展していきます。

川崎を中心にした手賀沼ディズニーランド計画は、テーマパークを運営する法人として全日本観光開発が設立されたことで本格化していきます。同社に前東京都知事の安井誠一《やすいせいいち》郎《ろう》を会長に、東京都競馬会長だった米本卯吉《よねもとうきち》を社長に迎えています。

そのほか東武鉄道や後楽園スタヂアムなどが出資していました。現在の京成は千葉県市川市に本社を置いていますが、当時は東京都台東区に本社を構えています。地元の千葉県も同社に出資していましたが、資本関係から見れば明らかなように手賀沼ディズニーランドは東京の政財界が主導したプロジェクトだったのです。

しかし、手賀沼ディズニーランドは思うように進まず、そのまま計画は中断。川崎は途中から手賀沼湖畔ではなく、浦安沖にも食指を伸ばしていきます。理由は、浦安沖で広大な埋立地が計画されていたからです。その埋立地にディズニーランドをつくろうとしたわけです。

浦安沖の埋め立ては、千葉県が推進する東京湾の開発計画にも合致していました。千葉県が東京湾を開発していこうと考えた出発点は関東大震災でした。関東大震災で東京は壊滅状態になり、陸軍は東京に集中していた軍事力を分散する必要性を痛感するのです。

陸軍は軍事力を分散することで災害に備えようとしたわけですが、他方で軍事力を分散してしまうと、東京が攻撃されたときに対応できません。そこで、軍部は近隣の千葉に着目したのです。千葉市なら災害のリスクヘッジができ、しかも東京が攻撃されても即座に駆けつけることができます。こうして大正末から昭和初期にかけて、千葉市一帯は軍都と化していきます。

政府は千葉市を軍都として発展させるべく、昭和15（1940）年に東京湾臨海工業地帯計画を作成。同計画に沿って、千葉市沖に埋立地を造成していくことになりました。

同事業は戦争により約200ヘクタールが完了した時点で中断しますが、埋立地の造成は千葉市の発展に寄与すると考えられていたことから、戦後は計画を拡大して埋立地の整備が進められていきました。

昭和25（1950）年に千葉県知事に就任した柴田等《しばたひとし》は、千葉市の埋立地に川崎製鉄（現・JFEスチール）の工場を誘致します。これが京葉臨海工業地帯の第一歩になりますが、柴田は千葉県を農業県にすると考えていました。そのため、それ以上の工場誘致を進めることはありませんでした。

そうした柴田の考えは、経済発展を遂げる東京の恩恵に与ろうとする千葉県選出の国会議員との間に溝をつくってしまいます。そのため、柴田は4期目を目指した県知事選で対立候補を擁立されて落選しました。この選挙で柴田から知事の座を奪ったのが加納久朗《かのうひさあきら》です。加納は日本住宅公団の初代理事長を務めた人物ですが、その一方で東京湾を埋め立てる「ネオ・トウキョウ」なる都市計画をブチ上げたり、東京の中心部にある皇居を多摩へと移転させて、空いた土地を有効的に活用しようと主張したこともあります。

高度経済成長期以降の千葉県は、21世紀に入るまで加納久朗・友納武人《とものうたけと》・川上紀一《かわかみきいち》・沼《ぬま》田《た》武《たけし》と国土開発に傾注する知事を選出しています。選出された知事の面々からは、千葉県民が開発に抱く強い願望が見え隠れします。

特に加納の後任として昭和38（1963）年から3期12年の長期にわたって千葉県知事を務めた友納武人は、東京ディズニーランドの誘致、成田空港の開港、三井不動産とタッグを組んだ都市開発など、千葉県を開発によって都市化させることに邁進しました。そのため、友納は「開発大明神」とあだ名されます。

「舞浜」の由来は何か？

友納の政策手法は、高度経済成長や日本列島改造といった時代背景も後押しして千葉を成長へと導きました。その一方で、浦安沖の埋立地は浦安の主要産業だった漁業の衰退につながるとして地元民から強い反発を受けています。強い反対運動によって、浦安沖の埋立事業は膠着状態に陥りますが、ひょんなことから漁業関係者たちは埋立事業を容認に転じることになるのです。

漁業関係者を翻意させた原因は、昭和33（1958）年に東京都江戸川区で起きた「黒い水事件」でした。この事件は本州製紙（現・王子製紙）の江戸川工場から排出された廃液が江戸川から東京湾へと流出し、浦安沖の水質汚濁を引き起こすという一大事件でした。

当時の日本は高度経済成長の段階にあり、経済発展を優先するあまりに大気汚染や水質汚濁といった環境対策は後手に回っていました。

黒い水事件の現場となった江戸川では、東京都と千葉県がそれぞれ水質調査を実施。本州製紙は排水が水質汚濁の原因ではないと否定しましたが、それが漁業関係者の怒りに火をつけることになり、漁民たちは実力行使に出ています。

最終的に本州製紙は水質汚濁の原因が工場からの排水にあることを認めて、江戸川工場の操業を停止。それでも浦安沖の水質は元には戻らず、関係者たちは漁業に見切りをつけなければなりませんでした。こうした紆余曲折を経て、浦安沖の埋め立ては進められていったのです。

浦安沖の埋立地にメドが立つと、川崎はそこにディズニーの誘致を目指すようになりました。京成は銀行からの融資を受けるために、一社単独の事業にするのではなく、懇意にしていた三井不動産の江戸英雄《えどひでお》社長に声をかけて出資を仰ぎました。

また、京成・三井の2社体制では両社の力関係によって事業が停滞する可能性もあり、バランスをとって朝日土地興業を加えた3社体制にしています。

こうした盤石の体制にして、3社でオリエンタルランド（ＯＬＣ）を設立。同社がディ

JR舞浜駅

ズニーランドの運営を担い、本家・アメリカのディズニーはロイヤルティを得るという形にしてディズニーの誘致交渉を進めました。

浦安沖の埋め立てに関しては、興味深いエピソードが多く残されています。例えば、舞浜という地名・駅名に関する話も都市伝説化して世間に流布しています。

東京ディズニーリゾートの玄関駅でもある京葉線の舞浜駅は、昭和63（1988）年に開業しています。東京ディズニーランドは昭和58（1983）年に開園しているので、5年間は浦安駅からバスで東京ディズニーランドへアクセスするのが一般的でした。

舞浜駅は舞浜という地名をそのまま駅名

にした形ですが、駅の開業前に浦安市は駅名を公募しています。公募の結果は1位が舞浜駅で282票、2位がディズニーランド駅で276票、3位が東京ディズニーランド駅で190票となっていました。

1位こそ舞浜駅ですが、2位と3位は〝東京〟がつくかつかないかの違いだけで、ほぼ同名票です。そして4位以下にもディズニー関連が占めるなど、住民はディズニー関連の駅名を望んでいました。

JR東日本も東京ディズニーランド駅を容認するスタンスを取っていましたが、仮にディズニーランド駅が誕生するとディズニーランドとは関係ない駅前の商業施設などに「ディズニーランド駅前店」とつけられる可能性がありました。

風俗店やパチンコ店などに「○○ディズニーランド駅前店」とつけられてしまうと、ディズニーのイメージが大きく毀損されてしまいます。それらを未然に防止する意味もあって、ディズニーランド駅は幻に終わりました。

それでは地名の舞浜はどこから出てきたのでしょうか？　同地は埋立地だから、元から舞浜という地名があったわけではありません。埋立地の造成と同時期に考案されたのです。この舞浜の由来を巡っても、多くの都市伝説が流布しています。

これまで舞浜の地名の由来は、「アメリカのディズニーが所在するマイアミのマイ（舞）

と西海岸を想起させるビーチ（浜）を合成して舞浜にした」という説明がなされてきました。

マイアミ由来説は、浦安市が公式に編纂した市史やＯＬＣの公式刊行物にも記述があります。市が編纂した刊行物に記述があることから、マイアミビーチ説は市販の雑誌やテレビなどでも歴然とした事実として紹介され、それが定着していました。

ところが、近年になって浦安町最後の町長であり、初代浦安市長も務めた熊川好生《くまかわよしお》が議会で舞浜の由来を「浦安の舞」から命名したと説明する議事録が発見されたのです。熊川はディズニーを誘致した浦安発展の立役者だけに、議事録の発見はこれまでの説を大きく覆すことになりました。

そもそも熊川が議会で説明した浦安の舞とは何なのでしょうか？　これは昭和15（１９４０）年の皇紀２６００年奉祝臨時祭で考案された神楽舞の名称です。そもそも浦安が日本の雅称であり、明治22（１８８９）年4月に堀江《ほりえ》村・猫実《ねこざね》村・当代島《とうだいじま》村の3村が合併して誕生した浦安村もそれにあやかっています。熊川の町議会発言が発見されたことにより、市はマイアミビーチ説を撤回。浦安の舞説を正しいと改めました。

舞浜という地名があったから舞浜駅になることは順当に思えますが、その舞浜に決まるまでの過程にも一悶着ありました。熊川は埋立地の造成が進んでいるときに、オリエンタルランド側に埋立地の地名を考えてほしいと打診していたのです。

オリエンタルランドは社内で新地名を公募しました。集まった地名案を元にして社内で検討した結果、埋立地の地名を「四季」に内定します。ところが、四季は音読すると「しき」になり、「死期」を連想させるとして却下されたのです。こうして地名は舞浜となり、そして駅名も順当に舞浜駅になりました。

ディズニーランドをめざした京成

京成の川崎がディズニー誘致の立役者の一人であることは誰の目にも明らかですが、川崎が京成の経営陣ならディズニーまで鉄道を建設するという案も出てくるのが自然です。しかし、東京ディズニーランドには京成の鉄道路線が敷かれていません。

実は、これにも複雑な歴史が埋もれています。川崎は昭和42（1967）年に東陽町駅まで開業していた営団地下鉄（現・東京メトロ）東西線に着目していました。東西線は東陽町駅から東は西船橋方面へと建設される予定で工事が進められていましたが、東陽町駅に接続するような形で京成が新路線を計画したのです。

同路線は、明らかに東京ディズニーランドにアクセスすることを目的にした路線です。しかし、東西線から東京ディズニーランドまで鉄道を建設することは、いくつかの問題をクリアしなければなりませんでした。

まず、京成線は開業時に１３７２ミリメートルの軌間を採用していました。これは東京中を走っていた市電（後の都電）と同じ軌間です。京成と市電の乗り入れは実現しませんでしたが、京成は市電へ乗り入れができるように１３７２ミリメートル軌間で建設したのです。

その後、京成は都営地下鉄浅草線・京急電鉄と3者による相互乗り入れをするため、昭和45（１９５９）年に１４３５ミリメートルへと改軌しています。

一方、東西線は中央線・総武線との乗り入れを想定して１０６７メートル軌間で建設されました。１４３５ミリメートルと１０６７ミリメートルで軌間が異なるので、東陽町駅で東西線と京成線は接続できますが、そのまま電車を直通させることはできません。

東陽町駅から分岐して東京ディズニーランドを目指す京成の新線は、ほかの京成線とつながっていない独立した路線です。そのため、東西線の軌間に合わせて建設することも可能です。もしくは乗り入れを想定せずに接続という形を取って１４３５ミリメートル軌間の線路を建設しても確実に利便性は向上するので、軌間の違いを無視して新線を建設するという選択肢もありました。

いずれにしても東陽町駅から東京ディズニーランドを目指す京成の新路線が計画され、それが実現すれば鉄道とのシナジー効果も見込めました。

しかし、東陽町駅からの東京ディズニーランドを目指す新線は実現せず、千葉方面から延びてきた貨物専用線が旅客転用する形で東京ディズニーランドのアクセス路線を担うことになりました。その貨物線用線が、旅客化されて今の京葉線になります。

ホームを伸ばして混雑緩和

東京ディズニーランドは事前予測を覆し、活況を呈しました。その後も堅調に人気を維持し、順調に来園者を増やしていきます。

舞浜駅の利用者数も開業から年を経るごとに増加しました。駅開業が12月1日だったこともあって、昭和63（1988）年度は1日の平均乗車人員が約1万3000人にとどまりました。それが翌年度には約3万1000人、平成12（2000）年度には約4万9000人、平成22（2010）年度には6万4000人を記録しています。

平成13（2001）年には東京ディズニーシーが開園した影響で、来園者数は急増。年間2200万人を突破し、歩調を合わせるように舞浜駅の利用者も急増しました。

舞浜駅の利用者のうち、大半がディズニーランド・シーの来園者で占められていることは言うまでもありません。利用者が増えたことで問題も発生します。ディズニーの閉園時間帯はホームに退園者が集中し、危険な状態になることが問題視されるようになったのです。

ＪＲ東日本は危険な状態を放置するわけにいかず、舞浜駅の安全対策を講じる必要に迫られました。舞浜駅は1面2線という構造のため、のぼり線（東京駅方面）とくだり線（蘇我駅方面）の利用者が同じホームで電車を待ちます。混雑を解消するには、1面2線のホームを2面2線にするといった対策が考えられますが、ホームの増設には莫大な費用が必要になります。

ホーム設置の空間を捻出するという物理的な問題もありましたが、なにより混雑する時間帯はディズニーの閉園時間に限られていました。そのわずかな時間帯のために、莫大な費用がかかる2面2線への改良工事は不経済でした。

ＪＲ東日本が出した最適解は、ホームの延長工事を実施して混雑の緩和を図るというものでした。それまで約２００メートルだったホームを約３００メートルへ延長。ホームが約１００メートル長くなったことで、のぼり電車とくだり電車の停車位置をずらすことができるようになりました。これにより、電車を待つ乗客の位置を分散したのです。

ホーム改良工事が進められる中、コロナ禍が猛威をふるった２０２０年度は来園者数が約７５６万人まで減少してしまい、舞浜駅も1日の平均乗車人員が約3万８０００人まで減少しました。ホームの延長工事は必要なかったのではないか？ という見方もできますが、その後は順調に客足が戻り、2023年度の来園者数は約2750万人、舞浜駅の1日の平均乗車人員も約7万6000人まで回復しています。

ディズニーは開園時からテーマパーク業界のみならずレジャー産業のトップランナーとして君臨してきましたが、その間に日本国民のレジャーに対する意識は大きく変わりました。ディズニーは遊園地やテーマパークという枠を超え、日本の文化や産業、はては都市構造やライフスタイルにも影響を与える存在になり、私たちのライフスタイルにも大きな影響をもたらしています。

3 旅行者の創出 国鉄が始めた誘客キャンペーン

喜賓会からJTBへ

明治5（1872）年に開業を果たした鉄道は、その後に貨物と軍事の兵商二途で発展を遂げてきました。スタートこそ旅客が先行しましたが、まだ鉄道を利用する人が少なかったこともあって旅客を取り込もうという機運は強くなく、貨物輸送が鉄道の主流になっていきます。

それでも明治末にさしかかると、旅行に鉄道を利用する機運も高まっていきます。その背景にあったのが、明治39（１９０６）年に制定された鉄道国有法です。同法により、多くの私鉄が官営鉄道に組みこまれました。

官営鉄道が巨大化したことを受け、それまで鉄道を所管していた官庁は明治41（１９０８）年に内閣直属の鉄道院になり、大正９（１９２０）年には鉄道省へと格上げされました。鉄道を所管する官庁が矢継ぎ早に改組されていったことは、鉄道が急速に庶民生活に欠かせないインフラになっていることを物語っています。

鉄道院から鉄道省へと目まぐるしく名称が変わる中、鉄道官僚の意識も少しずつ変化が生じました。それが旅客を取り込もうとするためのプロモーションを始めたことです。

鉄道の普及・拡大に、利用者を掘り起こすためのプロモーションは欠かせません。当時はインターネットやテレビ・ラジオといった広報ツールがありません。主要メディアは新聞でしたが、文字情報で各地の観光地を紹介しても旅情を掻き立てることはできず、旅行需要を拡大させることは簡単なことではありませんでした。

鉄道と旅行産業を結びつけるための諸団体は、明治26（１８９３）年に渋沢栄一が音頭を取って設立された喜賓会《きひんかい》を嚆矢としますが、同会は外国人観光客をターゲットにしていました。

喜賓会は非営利目的の団体だったので、早々に活動が行き詰まります。同会の役割は明治45（1912）年に発足するジャパン・ツーリスト・ビューロー（JTB）に引き継がれ、大正3（1914）年に解散しました。

JTBは鉄道院が中心となり、日本郵船・東洋汽船（現・日本郵船）・帝国ホテル・南満洲鉄道が出資していますが、喜賓会の役割を受け継いでいたこともあり、外国人観光客をターゲットに事業展開をしていました。

喜賓会もJTBも旅行産業を振興することに軸足を置かず、外交や接遇といった部分を強調する団体でした。そうした役割を見ても、明治期に日本人の旅行需要が低調だったことが窺えます。

あの手この手で旅行客を創出

大正4（1915）年に第一次世界大戦が勃発すると、外国人観光客が大幅に減少してしまいます。それに比例して鉄道収入も大きく減少しました。これに頭を抱えたのが、鉄道を所管する鉄道院でした。

鉄道の主業務が貨物と軍事だったとはいえ、旅客による運賃収入は経営を支えていました。また、旅客列車は国民に鉄道は必要だと実感させる効果もありました。

旅客需要が減少すれば、国民の間から「誰も乗らない鉄道を税金で維持する必要はあるのか？」という声が出て、各地の路線が廃止される可能性があったのです。

鉄道院は、そうした鉄道不要論を払拭すると同時に旅客収入を増やす取り組みとして、『旅行案内書』の刊行を開始します。同書は国内の有名観光地を紹介するガイドブックでしたが、ビジュアル的に訴求する工夫として鳥瞰図を用いました。

鉄道院の『旅行案内書』は、鉄道省へと改組しても刊行が継続されます。『旅行案内書』は総論的な内容でしたが、『神まうで』『お寺まゐり』『スキーとスケート』といったテーマ別の案内書も出版されました。こうしたテーマ別の『旅行案内書』のなかで、人気を博したのが大正９（１９２０）年から昭和２（１９２７）、昭和６（１９３１）、昭和15（１９４０）と計４版にわたって刊行された『温泉案内』です。

鉄道院から役目を引き継いだ鉄道省も『旅行案内書』の刊行を続けましたが、鉄道当局が刊行しているガイドブックだけに『温泉案内』では鉄道駅から近い温泉地だけを取り上げる編集方針が貫かれています。

鉄道省はガイドブックを刊行して鉄道需要の創出を図りましたが、昭和2年に昭和金融恐慌、昭和５（１９３０）年に昭和恐慌と立て続けに日本経済を混乱させる出来事が発生しました。景気が悪くなれば旅行需要が減退し、鉄道の利用者が減ってしまいます。

鉄道需要の低下を抑えるため、鉄道大臣だった江木翼《えぎたすく》は国際観光局を新設して旅行需要の維持に努めようとします。現在、観光は人口に膾炙した言葉になっていますが、当時はまだ一般的に馴染みが薄く、国際観光局の新設が観光という言葉を普及させる一助になりました。

そして、ＪＴＢは非営利色が強い外国客誘致と海外宣伝の分野を国際観光局へと委ね、自身は営利事業の分野を強化していきます。

江木は国際観光局を新設しただけではありません。需要創出の一環として列車に親しみを感じてもらうために愛称の導入も発案します。鉄道省は昭和４（１９２９）年に東京駅―下関駅間を走る特急列車の愛称を新聞紙上で公募し、国民の鉄道への関心を高めました。読者から寄せられた特急列車の愛称は１位が「富士」の１００７票、２位が「燕」の８８２票、３位が「櫻」の８３４票となりました。そのうち、富士と櫻が愛称として採用されますが、燕は後に運行開始が予定されていた超特急の名称として温存されました。また、国鉄スワローズのように、燕は国鉄を象徴する愛称へと育っていきます。

こうした鉄道省の動きと連動するかのように、内務（現・厚生労働）省が国立公園制度を制定するべく、水面下で地理学者や林学者などの有識者と共同で国立公園の候補地を選定していました。

昭和6年に国立公園法が施行され、昭和9（1934）年に瀬戸内海・雲仙・霧島の3つが日本初の国立公園に指定されます。さらに同年中には、阿寒・大雪山・日光・中部山岳・阿蘇の5つが国立公園に追加されました。

国立公園の制定は旅行業界に大きな恩恵をもたらします。それまでの旅行は、多くが古刹・名刹を参詣し、その後に地場で有名な料理を味わい、温泉で心身を癒すことが一般的だったからです。

農家は農閑期に湯治で近隣の温泉地へと出かけることはありましたが、観光を目的にした旅行は人生で何度も出かけられるものではありませんでした。

そのため、古刹・名刹を参詣し、その後に地場で有名な料理を味わい、温泉で心身を癒すという単調な旅行でも、それなりに満足度は高かったのです。

しかし、旅行業界が売上を拡大するにはリピーターを多く生み出さなければなりません。そのためには、旅行コンテンツを充実させる必要がありました。国立公園の制定は、そうした課題を抱える旅行業界に歓迎されたのです。

国立公園は官主導の新たな観光地づくりになりましたが、それに先んじて民間から新たな観光地をつくろうとする動きもありました。それが昭和2（1927）年に東京日日新聞と大阪毎日新聞社（ともに現・毎日新聞社）が合同で主催した「新日本八景」の選定です。

両新聞社が紙上で新日本八景を公募することを発表すると、たちまち読者から多くのハガキが寄せられました。募集期間１か月で寄せられたハガキは、約８９００万枚にものぼりました。当時の日本は総人口が約６０００万人ですから、国民一人が１・５枚のハガキを出した計算になります。

それほど多くの関心を集めた新日本八景は、内務省や鉄道省の官僚、東京帝国大学で林学者だった本多静六《ほんだせいろく》や京都帝国大学教授で地理学者だった小川琢治《おがわたくじ》といった有識者、幸田《こうだ》露伴《ろはん》・泉鏡花《いずみきょうか》・田山花袋《たやまかたい》・高浜虚子《たかはまきょし》といった文化人によって選定委員会が組織され、海岸：室戸岬、湖沼：十和田湖、山岳：温泉（雲仙）岳、河川：木曽川、渓谷：上高地渓谷、瀑布：華厳滝、温泉：別府温泉、平原：狩勝峠《かりかちとうげ》が選出されました。

戦中・戦後の旅行業界と鉄道

新日本八景や国立公園の制定は旅行需要を増大させる効果が期待されましたが、昭和初期に立て続けに起きた恐慌はそれを上回るほど旅行需要を減退させ、昭和９（１９３４）年に起きた満州事変によって政府は戦時体制を強化していきます。鉄道による旅行も段階的に制限されるようになり、観光を目的とした移動は困難になりました。

戦時体制が濃くなる昭和10年代は、鉄道旅行が不遇の時代でした。不要不急の旅行は自粛ムードが強くなります。旅行産業にとって暗黒期の始まりです。

しかし、そうした戦時体制下にあっても政府が推奨する旅行もありました。それが昭和15（1940）年の皇室ゆかりの地を参拝する旅行です。昭和15年は皇紀2600年にあたり、各地で記念行事が挙行されました。

戦時下で不要不急の旅行を禁じながらも、皇室ゆかりの地を巡る旅行は国威発揚につながる例外として扱われたのです。当時の米内光政《よないみつまさ》内閣の閣僚一同も、京都駅から電車に乗って橿原神宮を参拝し、戦勝祈願をしています。

日米が開戦する昭和16（1941）年になると、さらに戦時体制が強化されていきます。JTBはアルファベット表記であることから敵性語と見做され、東亜旅行社へと改称させられます。戦争という国家の一大事において享楽的な旅行を推進するような社名は忌避される風潮が高まり、昭和18（1943）年には東亜交通公社に再改称させられています。

JTBは官と近しい関係だったこともあって改称だけで済みましたが、政府は半強制的に旅行代理店を解散させていきました。こうして旅行代理店業は東亜交通公社の独占市場になっていきます。

終戦後、東亜交通公社はJTBへと社名を戻しました。ただし、戦前がジャパン・ツーリスト・ビューローの略称だったのに対して、戦後はジャパン・トラベル・ビューローの略となっています。

社名をＪＴＢへと戻しても、終戦直後の混乱期に日本人が旅行に出る余裕はありません。旅行需要がほぼ皆無だったこともあり、ＪＴＢは連合国軍の旅行や復員・引揚輸送の斡旋という業務を取り扱って命脈を保ちました。

高度経済成長期に入ると、世間では家族でレジャーを楽しむ風潮が強まります。長期休暇には旅行に出かける家庭が増え、旅行代理店は早くも人気の仕事になります。そのまま旅行業は右肩上がりで規模の拡大を続け、ＪＴＢ一社の年間取扱高は昭和59（１９８４）年に一兆円を超えました。旅行業全体の年間取扱高も昭和63（１９８８）年に５兆円を突破しています。

昭和30年代の高度経済成長期に旅行業が再び盛り上がりを見せるようになったことで、国鉄も輸送力の増強に取り組むことになりました。

東京五輪の開幕と同年に開業した東海道新幹線は国鉄の輸送力増強策の一環でしたが、新幹線が開業したことで潜在的な需要を掘り起こしてしまい、より輸送力が不足するという事態を引き起こしていたのです。

それは国鉄にとって嬉しい悲鳴でしたが、他方で昭和45（１９７０）年に開催が決まっていた大阪万博は全国から来場者が殺到すると見込まれていました。

そのため、国鉄は開催決定時から輸送力の増強に取り組むことになり、昭和43（1968）年10月には東北本線・高崎線・上越線・信越本線・中央西線などが複線化・電化したことを受けた大幅なダイヤ改正を実施しています。このときのダイヤ改正はヨン・サン・トウと呼ばれる国鉄史にも記録されるほどの大規模なダイヤ改正でした。

翌年も北陸本線・信越本線の一部区間で電化工事が完成したことを受けて、小規模ながらダイヤ改正を実施。こうした主要幹線が複線化・電化されたことで列車の運転本数が増加し、所要時間の短縮が図られていったのです。

ヨン・サン・トウの時点で、国鉄の複線化率は22パーセントまで向上。鉄道関係者でなければ、この数字を見ても複線化率がどれだけ高いのか低いのか判断できません。参考までにJRが発足初年となる昭和63（1988）年度末時点の複線化率を示すと、30・4パーセントです。ヨン・サン・トウから約20年が経過した後の複線化率が10パーセントも向上していないことを踏まえると、複線化の推進が一筋縄ではいかないことがわかります。逆説的ではありますが、ヨン・サン・トウが急進的に複線化を進めたことが伝わります。

大阪万博の来場者は約半年間の会期中に約6421万人にも及びましたが、国鉄の輸送力増強策によってそれをつつがなく輸送することができました。

国鉄初のプロモーション「ディスカバー・ジャパン」

問題は万博閉幕後でした。複線化や電化、車両の増備は当然ながら多額の費用を必要とします。滞りなく万博輸送をこなすために必要だったとはいえ、わずか半年間しか開催しない万博のために多額の費用を投じたのです。

輸送力増強のために設備投資をしたのですから、その後も安定的な需要を生み出して、複線化・電化した路線、新造した車両を十二分に活用しなければなりません。そのため、国鉄は新たな需要創出を考えなければなりませんでした。

国鉄は万博開催前から閉幕後の需要創出のアイデアを練り、間髪入れずに同年10月1日から「ディスカバー・ジャパン」を開始します。ディスカバー・ジャパンは国鉄初のプロモーションともいわれ、その仕掛けには広告代理店の電通が大きな役割を果たします。

電通でディスカバー・ジャパンの指揮を取ったのはプロデューサーの藤岡和賀夫です。藤岡と国鉄の付き合いは、大阪万博を事前に控えて輸送力増強に取り組んだヨン・サン・トウから始まっています。それまで国鉄は大規模な告知は駅舎や車両内でしか掲示していなかったのですが、ヨン・サン・トウの告知には自媒体のほかにもマスコミを活用して周知・広報に努めました。

ヨン・サン・トウの告知でマスコミを活用した経験は万博輸送にも活かされます。万博開催年は国鉄スワローズ最後の年になりますが、国鉄のエースでもありプロ野球史上最高の投手とも言われる金田正一《かねだまさいち》を起用したCMを制作。万博の足として東海道新幹線を利用するように宣伝しました。

大阪万博が開催された昭和45(1970)年は、すでに高度経済成長の終焉が見えてきた時期でした。社会は経済だけの豊かさを追求するのではなく、生活面でも文化的価値や健康・環境を重視する意識が高まっていたのです。

ディスカバー・ジャパンも、そうした時代を反映したプロモーションになっています。藤岡は「列車にとっての真の競争相手は飛行機とか自動車というより、むしろテレビを中心としたミニ娯楽」と分析。それらの考えをもとにして、ディスカバー・ジャパンのテレビCMは国鉄がスポンサーであるにも関わらず脱広告をコンセプトにして「鉄道の旅」を強調しないという先進的な試みになりました。

同プロモーションでは全国の主要駅前に「DISCOVER JAPAN」のロゴとサブタイトルの「美しい日本と私」の宣伝文句が入ったタワーが建てられ、日立製作所がスポンサーになってカラーテレビを宣伝して走る「ポンパ」号と呼ばれるショールーム列車も運行されました。

また、国鉄がスポンサーとなった日本テレビ系列の番組「遠くへ行きたい」とも連動して、全国各地の観光地でも何でもない地域を取り上げていきました。同番組は、現在でも不定期に放送される長寿番組になっています。

ディズカバー・ジャパンによって、文字通り〝発見〟された観光地のひとつが木曽路です。江戸時代に中山道の宿場町として栄えた農山村は名前こそ知られていたものの、観光客が訪れるような場所ではありませんでした。ディズカバー・ジャパンによってフォーカスされた木曽路は昭和45年からの5年間は年間の観光客数が10倍近くに増加しました。こうした宿場町の風景は高度経済成長によって消失しつつあったので、観光客には新鮮な風景に映ったのです。

ただ、ディズカバー・ジャパンによって木曽路に観光客が殺到したものの、その玄関口である南木曽駅の乗降客数は微増しただけで、鉄道収入的な恩恵はそれほど大きくなかったようです。

木曽路と同じく、ディズカバー・ジャパンによって〝発見〟された観光地に北海道帯広市の愛国駅と幸福駅があります。帯広《おびひろ》駅から襟裳《えりも》岬《みさき》方面へと延びる広尾《ひろお》線に所在していた愛国駅と幸福駅は、昭和48（1973）年に放送されたNHKのテレビ番組『新日本紀行』内で「愛の国から幸福の駅へ」と紹介されたことをきっかけに一大ブームを起こしました。

券面に「愛国から幸福ゆき」と印字されたきっぷは、多くの男女から人気を博しました。この現象によって、それまでマニアの趣味とされていたきっぷの収集が大衆にも認知されることになります。

同時期には日本列島改造ブームが起き、地方の農山村が東京・大阪といった大都市を模倣する動きも顕著になりました。その結果、地方都市は金太郎飴のごとく、ミニ東京のような街が粗製濫造されていきます。

愛国駅（上）と幸福駅。前者は交通記念館として、後者は鉄道公園として駅舎が保存されている

ディズカバー・ジャパンは、こうした日本列島改造によって続々と誕生するミニ東京へのアンチテーゼにもなりました。そして政府を動かすことにもつながり、文化庁は昭和50（1975）年に文化財保護法を改正します。同法の改正により、

伝統的建造物群保存地区の制度が発足。全国各地に残る城下町・宿場町・門前町といった歴史的な集落・町並みの価値が再認識されるようになり、官民の間に街並みを保存する意識が芽生えました。

人気歌手とのコラボレーション

ディズカバー・ジャパンに続いて、国鉄は昭和52（1977）年から新たなプロモーション「一枚のキップから」を開始します。しかし、同プロモーションは反応が鈍く、翌年には藤岡を再起用して国鉄は「いい日旅立ち」のプロモーションを開始。当時の人気歌手だった山口百恵《やまぐちももえ》を起用し、山口が歌う同名のテーマソングは大ヒットになっています。

その後も、国鉄は昭和55（1980）年から「いい旅チャレンジ20，000㎞」をスタートさせます。これは作家の宮脇俊三《みやわきしゅんぞう》のデビュー作『時刻表2万キロ』が下地になっていますが、当時は営業キロが約2万キロメートル、242線区あった国鉄の全旅客営業路線を完乗する目的を含んでいます。

先述したように、ディズカバー・ジャパンで発見された木曽路は多くの観光客を集めましたが鉄道を利用して訪問した人は多くなく、ゆえに「いい旅チャレンジ20，000㎞」は地方路線を維持する意味も含めてとにかく乗ってもらうという目的がありました。

「いい旅チャレンジ２０，０００㎞」と同時進行する形で、新プロモーション「エキゾチック・ジャパン」も展開されました。エキゾチック・ジャパンでは歌手の郷《ごう》ひろみが「２億４千万の瞳―エキゾチック・ジャパン―」を歌い、それもヒットしています。

国鉄が仕掛けた数々のプロモーションは旅行需要を掘り起こしましたが、昭和50年代には新幹線や高速道路といった移動の高速化が重視されるようになり、在来線からは利用者が遠のいていました。特に地方のローカル線は赤字で、国鉄にとっても重荷になっていました。

昭和43（１９６８）年に、日本国有鉄道諮問委員会が「国鉄赤字ローカル線のうち83線を廃止してバス代替とする」と答申を出していましたが、ディスカバー・ジャパンから始まる一連のプロモーションを受けて、国鉄はローカル線にも誘客するべく企画商品を充実させるという経営努力を見せていました。

国鉄が打ち出した企画商品のうち、昭和57（１９８２）年に発売を開始した「青春18のびのびきっぷ」（現・青春18きっぷ）は今でも乗り鉄必須のアイテムと重宝されています。青春18きっぷは、国鉄全線の普通列車が５日間乗り放題になるお得なきっぷです。同きっぷの利用期間は、学生が長期休業に入る春・夏・冬で、通学利用が減少することを補う目的で発売されたともいわれています。国鉄は、こうした企画商品の販売によって在来線のテコ入れを図りました。

国鉄がディズカバー・ジャパン以降に取り組んできた誘客プロモーションは、分割民営化後もＪＲ各社が独自に実施しています。例えば、平成15（２００３）年にＪＲ東海はアイドルグループのＴＯＫＩＯとタイアップした「ＡＭＢＩＴＩＯＵＳ　ＪＡＰＡＮ！」を展開。ＴＯＫＩＯが歌う同名の曲もヒットしました。同時期には、ＪＲ西日本が「ＤＩＳＣＯＶＥＲ　ＷＥＳＴ」と称したプロモーションを手掛けています。

そうしたＪＲ各社が取り組んだプロモーションのなかでも、平成３（１９９１）年に始まったＪＲ東日本の「ＪＲ　ＳＫＩＳＫＩ」やＪＲ東海が平成５（１９９３）年からスタートさせた「そうだ　京都、行こう。」は途中で名称を少し変えた時期があったものの現在まで続く息の長いプロモーションになっています。

4　鉄道会社が挑んだ住宅地開発とニュータウン

住宅問題との戦い

終戦後の日本には、多くの課題が山積みになっていました。特に国民の生活再建は政府が早急に取り組まなければならない課題のひとつでした。

しかし、終戦による混乱は簡単には収まらず、ようやく社会に平穏が戻る気配が生じたのは終戦から3年ほど経った頃でした。

ここから政府や自治体は生活再建に取り組むわけですが、何から手をつけていいのかわからない状態でした。そんな中、国民から渇望されていたのが住宅です。特に、東京や大阪といった都市部の住宅難は深刻を極め、住宅建設が焦眉の急になっていました。

昭和24（１９４９）年、政府は調査結果から雨露をしのぐために掘っ建て小屋生活を送っている世帯数を約２４０万戸と推定し、これを改善することから住宅政策が始まります。

翌年、政府は住宅金融公庫法を施行。同法によって設立された住宅金融公庫は住宅の新築や購入のために長期・固定・低利の住宅資金の貸し付け役割を担う公的機関でしたが、終戦から5年が経過しているとはいえ国民の多くは戦争によって仕事を失い、今日の生活で精一杯でした。とてもお金を借りて、住宅を建てられるような状況ではありません。終戦直後には電車や汽車の鉄道車両を譲り受けて住宅として使用している家庭もあったほどです。

そうした事情もあり、劣悪な住環境を改善する目的で昭和26（１９５１）年に公営住宅法が制定されます。同法によって、東京都や大阪府といった自治体が民間に代わって住宅を建設することになりました。

自治体が建設する公営住宅は賃料が安いことから多くの入居希望者が殺到しましたが、建設は順調に進みませんでした。

政府は住宅建設を加速させる必要性から、昭和30（１９５５）年に日本住宅公団を発足させます。こうして自治体とは別に住宅公団という住宅建設を担う公的機関が誕生したのです。

自治体に任せていたら、住宅の建設は遅々として進まないことから公団が発足したわけですが、公営住宅でも革新的な取り組みはありました。それが基本平面と呼ばれる間取りの設計です。

それまでの住宅は建築主の要望に合わせて家が建てられていたこともあり、基本的に住宅はオーダーメイドでした。これでは住宅建設に多くの時間を要してしまいます。

住宅建設をスピードアップするべく、建設省は研究者に依頼して標準的な間取りを設計してもらい、それを元にして住宅を量産する予定にしました。

東京大学助教授だった吉武泰水《よしたけやすみ》と、吉武の研究室で学んでいた鈴木成文《すずきしげふみ》が建設省からの依頼を受けて51Ｃ型と呼ばれる標準設計を考案しました。51とは１９５１年に登場したことが由来で、Ｃは12坪の広さを表す等級を意味しています。ちなみに、Ａは16坪、Ｂは14

坪です。51Ｃ型は、現代風に表現すれば12坪の２ＤＫということになります。ＡやＢといったタイプもありましたが、住宅建設を焦眉の急としていた東京都は低予算で多くの住戸を建設できる51Ｃ型を量産しました。

51Ｃ型が画期的だったのは、京都大学助教授で住宅学者の西山夘三《にしやまうぞう》が提唱していた「食寝分離」の考えが反映されていたことです。食寝分離とは、食事をする部屋と寝室を分ける、という考え方です。

それまでの日本では、和室にちゃぶ台を置いて家族が一緒に食事をし、夜はちゃぶ台を片付けて就寝するという生活スタイルでしたが公営住宅がそうした概念を崩していきます。公営住宅では、51Ｃ型を代表とする標準設計や食寝分離といった住に関する新たな概念を定着させていったのです。

後発の公団は公営住宅によって生み出された51Ｃ型という標準設計を参考にしつつ、さらに集合住宅を進化させていきます。特に公団が力を入れたのが室内の設備です。公団によって一般化した設備のひとつに、ステンレスの流し台があります。

それまでの台所は木製もしくは人造石による流し台が一般的でしたが、それらは安価である一方で不衛生でした。当時、ステンレス流し台は特注品のため高価でしたが、住宅公団はステンレス流し台を規格化して量産化できるようにしました。こうして公団ではステンレスの流し台がスタンダードになりましたが、その影響でステンレス流し台が安価になり、一般家庭にも普及するという福音をもたらします。ステンレス流し台の普及は、台所の衛生面を飛躍的に向上させ、それは家の隅に追いやられていた台所を中央に寄せるという間取りにも変化を与えました。

「金の卵」とニュータウン

公的機関による住宅改良が進み、自治体と公団によって住宅供給が進められてきましたが、それでも住宅難は続きました。その一因が都市の過密化です。

戦後の日本では戦災復興によって経済が急速に回復を遂げ、その影響から大都市では労働力不足が発生していたのです。主に町工場や個人商店では人手が足りず、なんとか労働力を確保しようと躍起になっていました。

一方、地方の農村部では所有する農地を長男へ相続させるのが一般的だったので、次男や三男は家業を継ぐことができず、必然的に新しい仕事を探さなければなりませんでした。農業が主要産業である当時の地方都市において、新しい仕事を見つけることは至難の業です。当時の地方都市では中学校卒業後に高校へと進学する選択肢はほとんどなく、多くの少年・少女は卒業と同時に教員に言われるがまま集団就職列車に乗って都会へと旅立っていきました。

地方から出てきた少年・少女たちは、「金の卵」ともてはやされますが、実態は体のいい丁稚奉公でした。駅に到着したその日から、金の卵たちは有無を言わさず商店や町工場に住み込みで働かされます。金の卵たちに休む暇は与えられず、就業時間外でも家事や育児を強制させられました。

そんな金の卵たちも働き始めてから数年が経過すると、結婚して家庭を持つ年頃になります。結婚後も職場に住み込みで働くわけにはいかず、金の卵たちは自分の家を持つようになるのです。

集団就職列車で東京・大阪にやってきた金の卵たちの数は膨大で、とても住宅は足りません。これが戦災復興から高度経済成長の時期に起きた現象です。

こうして大都市近郊には、大規模ニュータウンが続々と計画されていきました。日本初のニュータウンと言われる千里ニュータウンは、大阪府が昭和33（1958）年に計画を策定したことから開発が始まります。

千里ニュータウンにつづくように、東京都・神奈川県でも多摩ニュータウンの計画が浮上します。行政主導で大規模なニュータウンが造成されたことで、数字上の戸数は増えました。戸数が増えれば住宅難は解消するはずですが、現実はそう簡単な話ではありません。

なぜなら、ニュータウン住民の多くは勤め人だったからです。会社まで通勤できなければ居住（移住）できません。職場から遠い場所に団地を造成しても、交通手段がなければ意味がないのです。

千里ニュータウンは、大阪府吹田《すいた》市・豊中《とよなか》市の広大な丘陵地に築かれました。ニュータウン以前の千里丘陵は都市化とは無縁の大地だったので、当然ながら公共交通は整備されていません。行政は、そこに15万人もの人工都市を出現させたのです。

高度経済成長期に計画がスタートした多くのニュータウンは、約半世紀を経て住民が高齢化しました。一部のニュータウンは「オールドタウン」と皮肉をこめて呼ばれるようになりました。

最近は高齢化や人口減少なども顕著で、ニュータウンに以前のような活気は見られません。そうしたニュータウンは「限界集落」になぞらえて、「限界ニュータウン」と揶揄《やゆ》されるようになっています。

万博のおかげで開通した北大阪急行

千里ニュータウンは限界ニュータウン化していませんが、以前に比べれば活気が乏しくなっているのは事実です。それでも多くのニュータウンが衰退している中、千里ニュータウンがある程度の活気を保っているのは、北大阪急行電鉄によって大阪市中心部へのアクセスが抜群だからです。

しかし、当初の千里ニュータウンは、公共交通を整備するという概念は希薄でした。それよりもモータリゼーションの時代に適合させるかのように道路整備に力を入れ、マイカーを中心とする都市計画に傾斜していました。

道路整備に力を入れていた千里ニュータウンでは、住民が大阪市内へと通勤するのには一苦労でした。入居開始時にニュータウン内を走る鉄道はなく、その翌年となる昭和38（１９６３）年に、ようやく阪急バスが運行を開始します。しかし、同バスはニュータウン内を走るといっても南端の千里山駅から吹田駅に向かうルートでした。そのため、大阪市内への通勤には不向きだったのです。

こうした公共交通の整備状況から、千里ニュータウンは長らく陸の孤島と化していました。それを解消する鉄道は昭和45（１９７０）年から走り始めます。

千里ニュータウンに鉄道が整備されたのは、言うまでもなく千里丘陵を会場地にした日本万国博覧会（大阪万博）の影響でした。大阪府は万博会場までの輸送を担う鉄道整備を迫られていたのです。

大阪府は万博会場へと向かう鉄道を大阪市営地下鉄（現・Osaka Metoro）御堂筋《みどうすじ》線・江《え》

坂《さか》駅から延伸させる予定にしていました。

大阪府は大阪市に御堂筋線の延伸を打診しましたが、大阪市は採算面や千里丘陵が大阪市外であることを理由に拒否します。大阪市に袖にされた大阪府は阪急を頼り、大阪府も出資する第3セクターの北大阪急行電鉄を設立。そして御堂筋線の江坂駅から継ぎ足す形で万国博中央口駅までを開業させたのです。

万国博中央口駅は会場の最寄駅として機能しましたが、万博閉幕後は少し位置を変えて千里中央駅になりました。駅名とともに役割も変わり、ニュータウン住民の足を担うようになるのです。これが今に至るまで交通至便なニュータウンという位置付けとなり、千里ニュータウンは全国のニュータウンが急速に衰えていく中で活気を保ち続ける要因にもなっています。

鉄道なきまちびらき

西の千里ニュータウンと同様に、東のニュータウンを代表する多摩ニュータウンも千里ニュータウンから少し遅れて計画されました。多摩ニュータウンでも計画当初は鉄道整備が重視されていなかったのです。

現在、多摩ニュータウンには京王電鉄・小田急電鉄・多摩都市モノレールの3者が鉄道

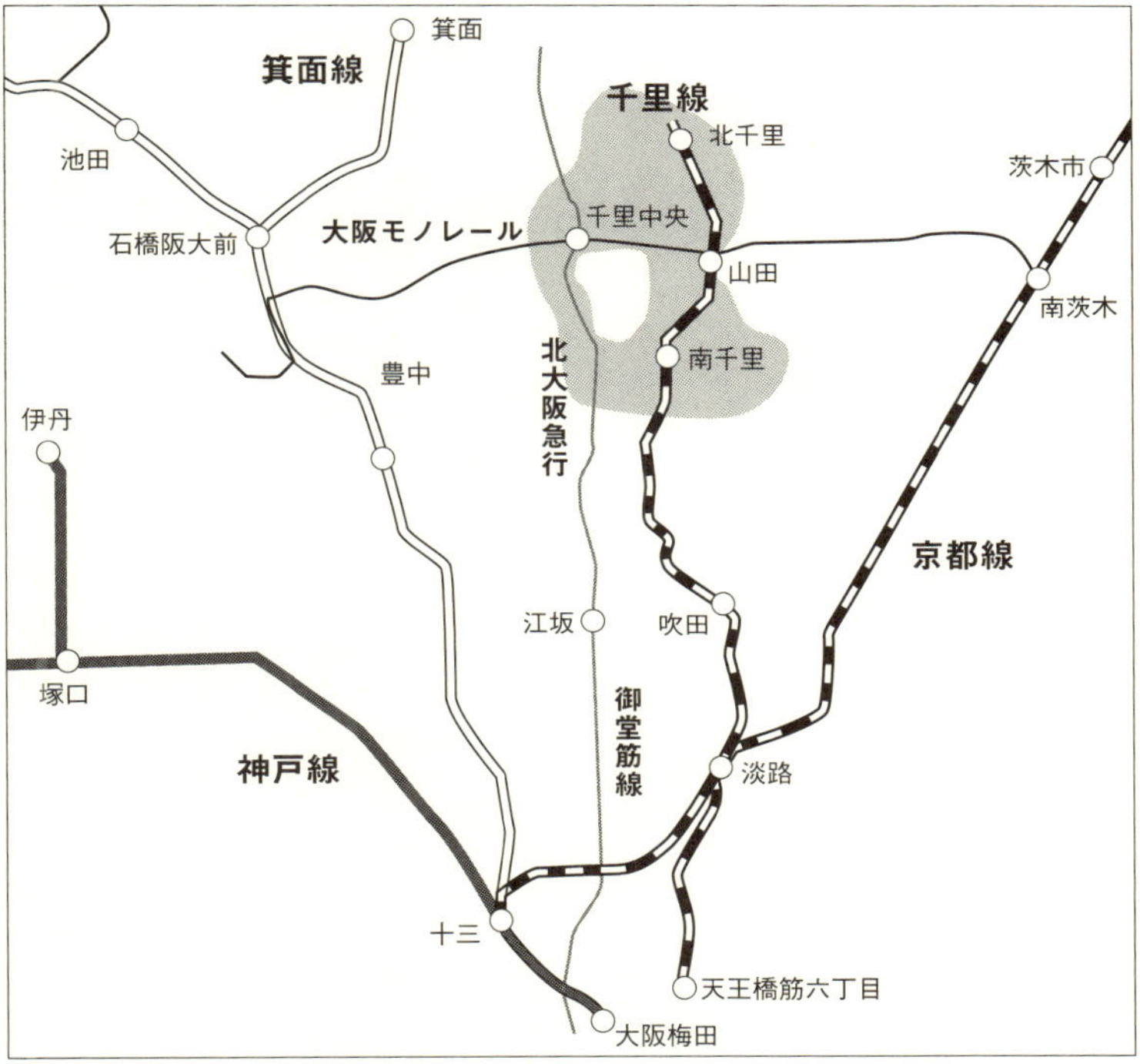

千里ニュータウン関連略地図（網掛け部分が千里ニュータウン）

を走らせています。そのうち京王と小田急は新宿駅に乗り入れ、多摩ニュータウン住民の通勤・通学の足として頼りにされる存在です。

しかし、多摩ニュータウンの第一次入居が開始された昭和46（1971）年時点で、京王・小田急の2線は多摩ニュータウン内に到達していません。

開発面積が約3000ヘクタールにもおよぶ多摩ニュータウンは、計画人口が約30万人。世間からは「巨大な実験都市」と揶揄されました。それだけの人口規模のニュータウンなら、鉄道事業者にとってもビジネスチャンスになるはずです。

私鉄は単に線路を敷いて電車を走らせるだけではなく、沿線に商業施設をつくり、住宅地も造成してトータルで稼ぐビジネスモデルを明治期から脈々と築いてきました。

それに倣えば、同じようなビジネスモデルを想定して多摩ニュータウンに進出することも可能だったはずです。ところが行政当局は多摩ニュータウンの目的を住宅供給に限定し、沿線開発と一体的に整備して利益をあげようとする私鉄の参入を認めなかったのです。

そのため、京王と小田急は鉄道の運行のみを押し付けられる形になります。それは建設費という莫大な費用だけを負担させられることを意味するので、京王も小田急も赤字必至の鉄道建設には前向きになれなかったのです。

これが原因となり、多摩ニュータウンへの鉄道建設は遅々として進みませんでした。そして、鉄道はまちびらきに間に合わなかったのです。

P線方式で京王・小田急を誘致

こうした事態に行政当局は頭を抱えます。このままでは多摩ニュータウンに都心部から住民が移住しません。多摩ニュータウンへの移住が進まなければ、せっかく莫大な予算を投じて計画した多摩ニュータウンが無駄になってしまいます。また、多摩ニュータウンが無駄になるだけではなく、都心部の過密化も解消できません。

多摩ニュータウンに移住を促進させたいと考える行政当局は、「P線方式」と呼ばれる鉄道建設スキームを生み出すことで現況を打開しようと試みました。

鉄道は新線を開業させるために、土地取得や線路・諸施設の建設費、車両の新造といった莫大な費用を伴います。その一方、新線は沿線開発が進んでいないので当面は利用者が少ない状態が続きます。新線の開業は鉄道事業者にとってビジネスチャンスというよりは高リスク案件で、国鉄を含め鉄道各社はそうしたリスクを恐れて新線の建設には消極的でした。

行政当局から見ると、鉄道事業者が新線を建設してくれなければ都市開発を進められません。行政と鉄道事業者が抱えるジレンマを解消させるため、昭和39（1964）年に鉄

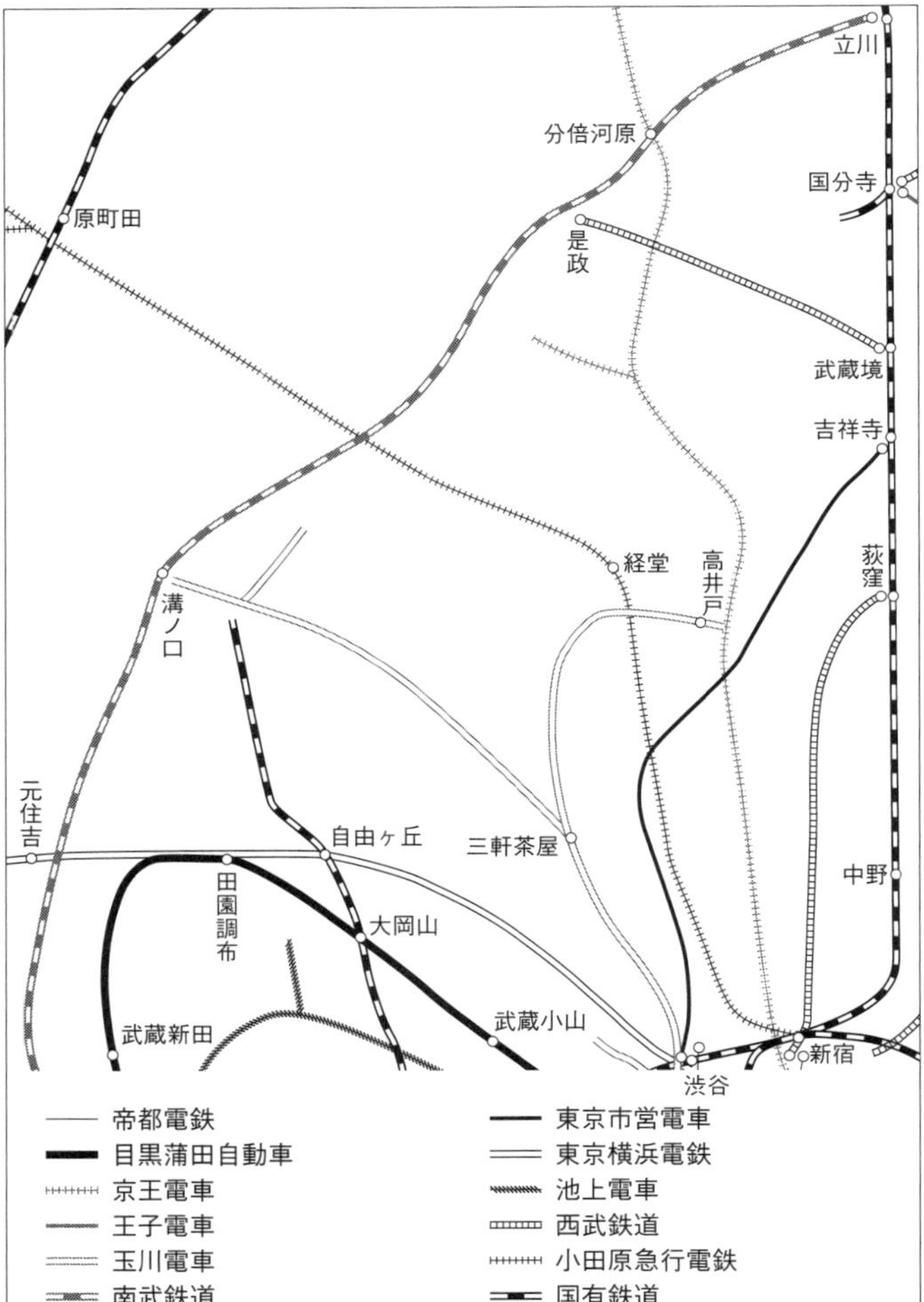

東京・神奈川間鉄道路線略図（昭和7年）

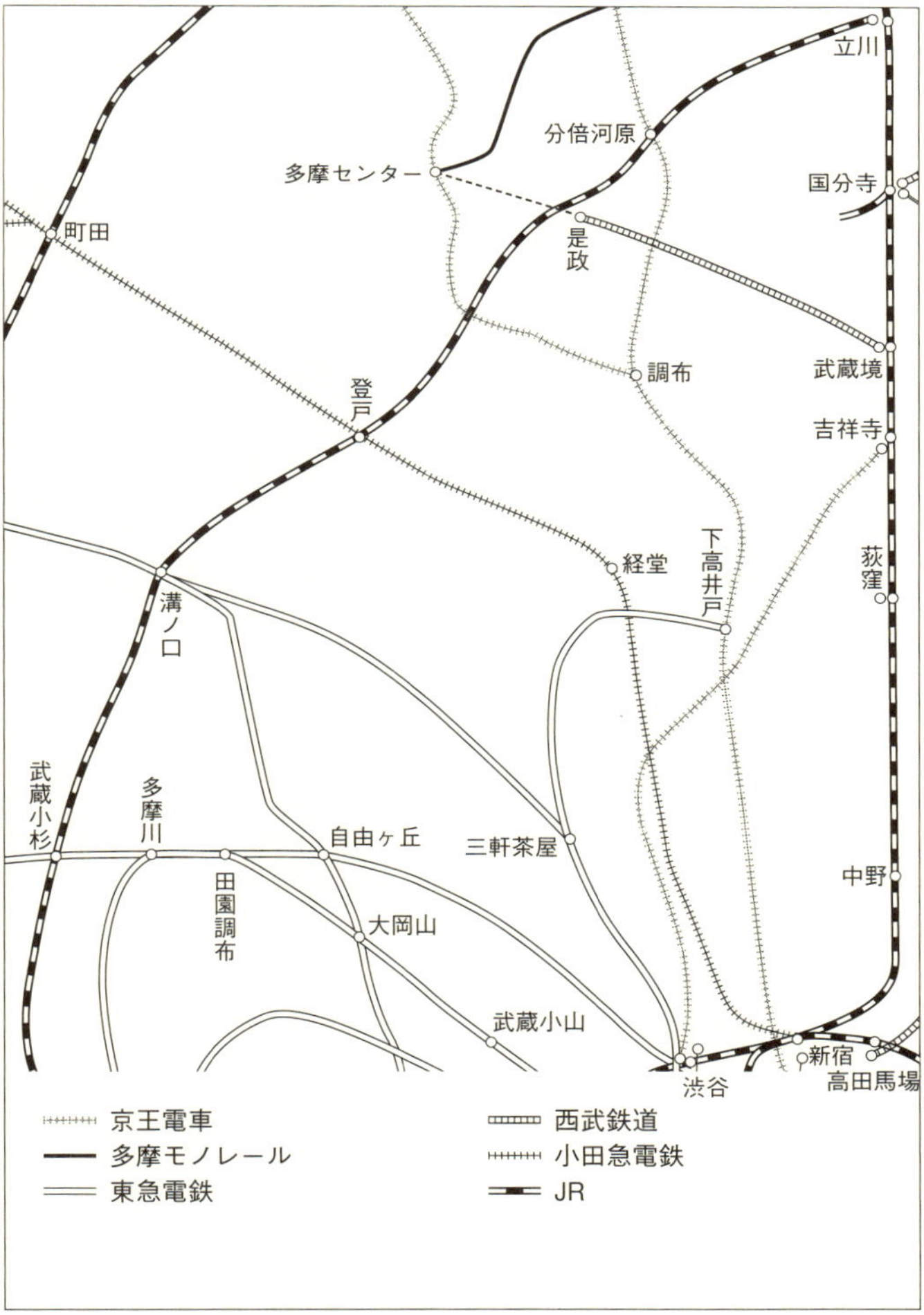

東京・神奈川間鉄道路線略図（令和6年）
是政から延びる点線が、西武多摩川線と多摩ニュータウンを結ぶ幻の路線

京王・小田急・多摩都市モノレールが乗り入れる多摩センター駅

道建設だけを担う日本鉄道建設公団（現・鉄道建設・運輸施設整備支援機構）が設立されます。同公団は鉄道を建設し、それを貸し付けることで鉄道事業者の経済的な負担を減らそうという目的を含んでいました。

発足当初の日本鉄道建設公団は国鉄線だけを対象にしていましたが、多摩ニュータウンで初めて私鉄にも同様のスキームが採用されることになり、これがＰ線方式と呼ばれることになりました。Ｐ線方式によって京王・小田急の建設費の負担は軽くなり、ようやく多摩ニュータウンの鉄道整備は道筋がつけられるのです。

多摩ニュータウンの中心となる多摩センター駅は、京王が昭和49（１９７４）年、小田急が昭和50（１９７５）年に開業させていました。計画段階では、西武鉄道の多摩川線も多摩センター駅へと乗り入れる予定になっていました。

西武鉄道の多摩川線は、JR中央線の武蔵境駅から是政駅までを結ぶ約8・0キロメートルの路線です。多摩ニュータウンの開発に合わせて、行政は府中市に所在する是政《これまさ》駅から多摩センター駅まで延伸することを西武側に打診しています。

西武側も同計画には乗り気でしたが、同線に乗って東京都心部へとアクセスするには武蔵境駅で中央線に必ず乗り換えなければなりません。当時の中央線は殺人的ラッシュと言われるほど混雑が激しく、国鉄はそこに多摩ニュータウンの住民が加わることに不安を覚えていました。

中央線がこれ以上に混雑したら輸送障害が頻発してしまい、ラッシュ時の中央線は機能しなくなると考えたのでしょう。そうした思惑もあって、西武鉄道多摩川線の多摩ニュータウン乗り入れは幻に終わりました。

「鉄道＋住宅地＝売上増」のビジネスモデル

千里・多摩ニュータウンは住宅難という社会問題に対応するべく、官民一体となって開発が進められました。その一方、私鉄が沿線開発を目的に郊外に住宅地を開発することも

小林一三（出典：国立国会図書館「近代日本人の肖像」）

ありました。

私鉄が沿線開発の一環として郊外の住宅地開発に乗り出したのは、箕面《みのお》有馬《ありま》電気軌道（現・阪急電鉄）が嚆矢と言われています。同社の責任者だった小林一三は、開業前に何度も線路沿いを歩いて需要を創出するためのアイデアを考えました。

小林が需要創出を考えなければならなかった理由は、箕面有馬電気軌道の沿線は農村然としていて、開業前は地元住民から「みみず電車」と呼ばれるほど鉄道需要のメドが立たなかったからです。

小林は沿線を歩いて、沿線の土地が安価であることに着目します。当時の大阪市は「東洋のマンチェスター」と呼ばれるほど工業化が進展し、その工場によって著しく経済が発展を遂げていました。

その一方、工場から排出される煙や汚水で大気汚染・水質汚濁が深刻化し、住環境は劣悪を極めました。勤める本人は受け入れられるにしても、それに付き合わせられる家族には耐え難い環境です。しかし、家族は企業に勤務するわけではありませんから、大阪市に居住する必要性はありません。

小林は郊外に家を構え、そこから電車に乗って大阪市まで通勤するというライフスタイルを考え、自社沿線の池田駅周囲に広大な住宅地を造成します。その住宅地の売上も会社の利益になりました。そして、沿線に住宅地を造成したことで、居住者が電車に乗って大阪まで通勤するので運賃収入を伸ばすことにつながりました。

小林が編み出した沿線に住宅地を開発して鉄道事業と不動産事業の両方で収益をあげるといったビジネスモデルは、その後に各私鉄が模倣していきます。

小林に感銘を受けた鉄道経営者は数多いのですが、もっとも傾倒していたのが東急総帥の五島慶太《ごとうけいた》です。もともと五島は鉄道省の官僚でしたが、不遇をかこっていました。そのため、私鉄へと転職し、その後に渋沢栄一が取り組んでいた田園都市づくりに協力します。そこで鉄道部門を任され、渋沢没後は鉄道部門を独立させたのです。

五島が引き継いだ鉄道会社は昭和に入って発展を遂げ、昭和17（１９４２）年に京浜電気鉄道や小田原急行電鉄と合同して東京急行電鉄（東急）になりました。戦後、これらは再び分離します。

もともと五島が引き継いだ鉄道会社は渋谷を中心に路線網を有していましたが、分離後の東急は再び渋谷を中心にした沿線で事業展開していきます。

昭和28（1953）年、五島は城西南地区開発趣意書を発表。同趣意書は東急が新たな鉄道路線を建設するとともに沿線に第2の田園調布となる多摩田園都市を築くことが盛り込まれていました。

同計画は昭和34（1959）年に五島が没したことで暗雲が垂れ込みますが、その後も後継者によって引き継がれていきました。昭和38（1963）年、東急は大井町駅―溝ノ口（現・溝の口）駅間を新玉川線（現・田園都市線）へと改称し、昭和41（1966）年には長津田《ながつた》駅まで、昭和59（1984）年には中央林間駅まで全通しました。

東急が建設した田園都市線のうち、梶が谷駅―中央林間駅一帯が一般的に多摩田園都市と呼ばれるエリアです。多摩田園都市は東急が主体的に開発した昭和期の住宅地で、それまで無人の荒野だった地を切り開いた点では多摩ニュータウンや千里ニュータウンと同じです。

しかし、私鉄が開発を手がけたこともあり、当初から交通インフラのみならず系列のスーパーなどが駅前に出店し、まちびらきの段階で生活インフラはそれなりに整っていました。

多摩田園都市の開発が始まった昭和28年は沿線人口が約1万5000人と少なかったのですが、昭和45（1970）年には10万人を突破し、昭和55（1975）年には30万人を上回りました。その後も沿線人口は増加を続け、開発スタートから半世紀を経た平成15（2003）年には約54万人もの人口を擁する人気路線へと成長しています。

5 石炭から石油、そして電気へ　国鉄が進めた動力近代化計画の行く末

ガス灯から電灯へ

戦前期の昭和は、明治・大正と比べて科学技術が飛躍的に進展し、その恩恵は少しずつ庶民の生活にも広がっていきました。庶民が科学技術を実感できたのは、「のりもの」と「あかり」の2分野でした。もっと平たく言えば、鉄道と電気です。

明治期、街を照らした街灯はガス灯と呼ばれるあかりでした。ガス灯は江戸時代から一部で開発・使用されていましたが、まだ輸入数が少なく高価でした。

ガス灯が一般的に普及するのは明治になってからです。ロウソクや行燈よりも明るく安全という理由もあり、大阪で使用されたのを皮切りに西洋人が闊歩する横浜でも街灯として使用されることになりました。そして、東京の繁華街としてにぎわう銀座にもガス灯による街灯がデビューします。

銀座は大火によって街が灰燼に帰した直後で、井上馨《いのうえかおる》は銀座をレンガ建築の街へと生まれ変わらせようとしていました。井上の取り組みは銀座煉瓦街として結実しますが、これは建物の不燃化という目的を含めつつ、視覚的にも日本が欧米のような一等国に比肩する文明国であることを誇示する政策でした。

明治期に設置された街灯は、すぐに電灯に取って代わられていきます。ガス灯に比べて、電灯はより明るく安全だったからです。

街灯もガス灯から電灯へと切り替えられていきますが、一般家庭に電灯が普及するまでにはタイムラグがありました。一般家庭に電気を供給するには、各所に発電所や変電所をつくり、その電気を各家庭へと届ける送電網などを構築しなければなりません。また、各住居でも配線やコンセントの設置といった工事を伴います。それらの工事費は高いのですが、それ以上に電化製品も高級品でした。そのため、庶民は電気を使う生活とは縁が遠かったのです。こうした事情もあり、大正末期まで電気の普及率は低調でした。

石炭需要の拡大

そうした状況は、大正12（1923）年に起きた関東大震災によって少しずつ変わっていきます。震災によって倒壊・消失した建物はその後に再建されますが、新しい家屋は時代に適応した電気を使うことを前提にした住居へと生まれ変わっていったのです。

それでも一般家庭に電化製品は少なく、多くの庶民は電化製品がもたらす利便性の恩恵に与ることができません。現在、多くの家庭に普及している電気冷蔵庫の例で見ると、その普及率は昭和35（１９６０）年で10パーセント、昭和40（１９６５）年で50パーセントでした。ほぼ１００パーセントの98パーセントまで達するのは、高度経済成長を終えた昭和51（１９７６）年です。

つまり、本格的に家電製品が一般家庭へと普及するのは戦後からなのです。家電製品が増えることとは、同時に電力需要が増大することを意味します。電力需要が増えれば、電力会社は電気を増産しなければなりません。

政府や電力会社、そして知識人たちは電気を文明の力と認め、明治期から一貫して効率的な電気の増産を考えてきました。電力の増産とは、平たく言えば発電所の新増設や効率的な送電網を構築することです。

慶應義塾大学の創立者で旧一万円札の顔でもあった福澤諭吉《ふくざわゆきち》は、電力についても持論を語っています。福澤は「日本列島は急峻な地形が多く、水源涵養の森林資源に恵まれていること」を理由に、水力発電を基幹電力に位置付ける水主火従を説きました。

福澤の薫陶を受けた娘婿の福澤桃介は、木曽川で電源開発に傾注。その後も多くの電力

福澤桃介（出典：国立国会図書館「近代日本人の肖像」）

会社を興しましたが、それらの電力会社は水力発電をメインにしていました。

水力発電は大量かつ効率的に発電できますが、山間部に発電所を建設することは容易ではありません。また、水力発電は天候などによって水量が左右されるため、安定供給という観点では好ましい発電方法とは言えませんでした。

そのため、昭和期に入ると電気の供給手段を水力から火力へと移行させることが検討されます。火力への移行によって各地で石炭産業が盛況になり、鉄道も石炭を燃料にした蒸気機関車（ＳＬ）が主力になっていくのです。そうした世相を反映して、戦前昭和には多くのＳＬが製造されました。

脱石炭で経費削減

しかし、戦後の鉄道業界は一転して脱石炭、つまりＳＬの廃止にいち早く取り組むことになります。当時の国鉄は、国内で採掘されていた石炭の30パーセントを消費していたともいわれていました。

国鉄の石炭消費量を減らすことで、多くの石炭を工場が操業するための燃料に回すことができます。石炭を得ることで工場は生産力を増強し、それが経済活動の発展に結びつきます。つまり、国鉄が目指した脱石炭は、国内の産業振興および経済発展に寄与する取り組みでもありました。

脱石炭は国全体を見据えた取り組みといえますが、国鉄の事情も少なからずありました。石炭価格が高騰すると、鉄道の運行にも支障を及ぼすことが少なくなかったのです。国鉄は石炭価格の高騰によって経営が逼迫し、その影響で列車を減便するといった対策を講じたこともあります。

減便すれば石炭の消費を抑えられて経営を安定させられますが、一方で列車は混雑が増してしまい、鉄道の運行に携わる現場や利用者にも混乱を与えることになります。

そうした事態を回避し、安定的な鉄道の運行を目指すべく、国鉄は昭和33（1958）年に動力近代化調査委員会を発足させました。同委員会は通算で本委員会を40回、専門委員会を118回も開催して、鉄道をSLが牽引する機関車から電気・ディーゼルカーが牽引する機関車へと切り替える方針を決定したのです。そして15年以内に主要幹線の約5000キロメートルを電化する目標を掲げました。

石油資源が乏しい日本では、水力発電から火力発電への移行に際して石炭火力を主流にしていました。そのため、国鉄が脱石炭を目指しても火力発電で石炭を大量に使うことは変わりありません。

しかし、SLはエネルギー効率が5パーセントから7パーセントと低く、約30パーセントのエネルギー効率を発揮できる電気機関車に比べると非効率であることは否めません。しかも電気は、水力発電や石油火力・天然ガス火力などと組み合わせることもできます。

これらの理由から、国鉄は石炭を動力源とするSLから石炭火力によって電気を生み出し、その電気で列車を走らせる電気機関車を使う方が石炭価格高騰へのリスクヘッジとして有効だと判断したのです。

また、SLの運転は機関士と機関助士の2人体制ですが、電車や機関車の運転は一人体制です。運転士の人員という面もSL廃止という方針を後押ししました。

そのほか、SL廃止の論調が強くなった背景にはこまめな給水や給炭が必要だったこともあります。給水や給炭のために列車を駅に停車させる必要があり、どうしても所要時間が長くなってしまうのです。それらがなくなることで所要時間も短縮できるようになり、しかも給水や給炭に伴う作業員や設備も不要になります。

国鉄の動力近代化計画には、人員の効率的な配置や設備の省略による経費削減という目的もあったのです。

幻の原子力機関車

国鉄が脱石炭を進めていた時期、アメリカは原子力による発電を進めていました。日本でも昭和30（１９５５）年に原子力基本法が成立して、原子力発電の道筋が見えつつありました。

同年、国鉄は動力調査研究室で原子力機関車の調査・研究を開始しています。原子力機関車とは、文字通り原子炉を搭載した機関車のことで、国鉄では仮称ながらもＡＦ１００形と命名されて図面も製作されました。それほど国鉄は本格的に原子力を鉄道に活用しようと考えていたのです。

国鉄の研究によって、原子力機関車に搭載する原子炉の炉心部分は１・３トンまで軽量化できることが判明します。その一方、放射線の強度を低下させるために用いる遮蔽体は軽量化が難しく、約１０９トンになるとの試算が出されます。

さらに、それら重い遮蔽体《しゃへいたい》によって特殊な軸配置にならざるを得ないという設計的な問題も浮上しました。原子力機関車を実現するには車体長が約29・8メートルと長大になり、運転整備重量も１７２トンになるとの想定が出ます。

これほど大きな機関車で列車を運行することは非効率です。製造費も莫大になることが予想されましたが、それ以上にメンテナンスにも莫大な費用がかかってしまいます。

こうしたことを鑑みて、国鉄は昭和32（１９５７）年に「原子力機関車を開発・製造するよりも、原子力発電で電気を生み出して、その電気で鉄道を動かした方が効率的」という結論に達しました。そして、原子力機関車の研究・開発を終了させています。

こうした試行錯誤の末に撤退・失敗という経験を積み重ねながらも、国鉄の動力近代化は電化という揺るがない方針で粛々と進められていったのです。

無煙化の長い道のり

国鉄は東海道本線・上越線・奥羽本線といった長距離需要が高く、石炭使用量を大幅に削減できる路線から電化に取り組みました。

昭和26（１９５１）年には、早くも東海道本線の全線電化が完成します。それを受けて、東海道本線には電気機関車が牽引する特急「つばめ」と「はと」が運行を開始しました。

当時の国鉄は、先頭車両の機関車が客車を牽引する動力集中方式に技術開発のリソースを注ぎ込んでいました。これは海外に倣ったものです。

しかし、日本の鉄道は軌間が１０６７ミリメートルと狭く、しかも線路も低規格だったので重い車両に耐えられる強度がありません。そのため、国鉄の技術スタッフからは先頭車両に重量が集中する機関車牽引の動力集中方式は馴染まないと判断されました。

こうして、国鉄は複数の車両に動力装置を取り付ける動力分散方式へと開発方針を切り替えていきます。動力分散方式とは、電化区間では電車、非電化区間ではディーゼルカーを運行するという意味です。

当時の技術力では電車は騒音が大きく、ゆえに長距離には不向きと考えられていました。国鉄の技術者たちは騒音の問題を軽々とクリアして、昭和33（１９５８）年には東海道本線に電車特急「こだま」が走り始めるのです。

東海道本線を走った特急「こだま」は、東京―大阪間を約６時間50分で走破しました。それまで東京―大阪の出張は宿泊を伴うことが前提になっていましたが、特急「こだま」はビジネス需要の取り込みを狙って「東京―大阪の日帰りも可能に！」という宣伝文句を積極的に使用しました。

実際に特急「こだま」を使って東京―大阪を往復すると、約14時間もかかります。駅から取引先企業までの移動を考えると、現地に滞在できる時間は短く、とても日帰り出張で使えるものではありません。それにも関わらず、国鉄は日帰り出張を前面に打ち出して特急「こだま」の宣伝に力を入れたのです。

上野駅に入線する「はつかり」

その背景には、国鉄が取り組んできた動力近代化の成果を可視化して国民にわかりやすく伝えたいという思惑があったのかもしれません。
国鉄の動力近代化は電化ばかりではありません。先ほども触れたように、電化していない路線もSLをディーゼルカーに置き換えるという措置を講じています。ディーゼルカーへと代替することで、SLが活躍する区間は日を追うごとに減少していきました。
昭和36（1961）年には、上野駅―青森駅間を常磐線経由で走る気動車特急「はつかり」が運行を開始します。上野駅―青森駅を走る「はつかり」は昭和33年に登場していましたが、当初はSLが牽引する列車でした。

気動車特急「はつかり」の運行開始によって、東京と東北の移動時間は短縮されます。沿線住民や利用者にとって、ＳＬから気動車特急への進化はありがたい話です。

ところが同年には、東海道本線に電車特急「こだま」が走り始めていました。そうした状況から、東北の自治体や沿線住民、利用者から「はつかり」も東海道本線と同じように電車による運行にしてほしいとの要望が相次ぎます。

上野駅―青森駅間を走る列車は、本来なら栃木県宇都宮市や福島県郡山《こおりやま》市といった大都市を通る東北本線経由で運行した方が多くの需要を取り込めます。しかし、東北本線は急勾配区間が多く、所要時間も東北本線の方がかかっていました。そうした事情もあり、「はつかり」は沿線人口が少ない常磐線経由で運行されたのです。

昭和43（１９６８）年に東北本線の全線電化と複線化が完了したことで、上野駅―青森駅間を結ぶ列車にも変化が起こります。勾配を気にせずに走れる電車特急が導入されることになり、「はつかり」も東北本線経由へと切り替えられたのです。そして、上野駅―青森駅間の所要時間は短縮します。

一方、東北本線の電化によって常磐線を走る特急列車は大幅に減便しました。国鉄が推進した動力近代化の裏には、こうした路線の興亡盛衰もあったのです。

東海道本線を走る特急「こだま」は、昭和39（1964）年に東海道新幹線が開業したことで役目を終えます。「こだま」という愛称は、東海道新幹線に引き継がれました。東海道新幹線が開業した後も、国鉄は動力近代化計画の歩を緩めませんでした。最後までSLが残っていたのは北海道で、昭和51（1976）年にSLがディーゼル機関車に置き換えられて引退。これにより、国鉄は無煙化を達成したのです。

第5章

平成への助走
国鉄の終焉と新生ＪＲの誕生

1 民間企業になったＪＲ　国鉄体質脱却の初手はサービスの改善？

国鉄、存亡の危機

国鉄は暮らしの隅々にまで行き渡り、まさに生活に欠かせないインフラとして機能しました。実生活との距離も近く、昭和を代表する事業体だったといえます。

長らく国民に親しまれてきた国鉄でしたが、その経営は決して順調ではありませんでした。発足後は職員の大量解雇という問題を抱え、昭和39（１９６４）年からは赤字に転落。以降、国鉄は経営改善に取り組みましたが一度も黒字転換できずに幕を下ろしました。

国鉄の終焉が囁かれるようになるのは、意外にも早く昭和48（１９７３）年に藤井松太郎が第７代総裁に就任する前後からです。

藤井は首相の田中角栄の強い要請によって総裁に就任しましたが、当時の国鉄は労働運動が激化していて列車をまともに運行できない状態でした。それまでの国鉄はマル生運動と呼ばれる生産性の向上を推進していましたが、職員から強い反発があったのです。これが労働運動の激化を招いた要因とされたため、藤井は列車の運行を正常化させることを優先して労使協調路線へと方針変更しています。

藤井の労使協調路線は奏功せず、より労働運動は激化していきます。この労働組合の態度に激怒したのが中曽根《なかそね》康弘《やすひろ》です。当時、自民党の幹事長だった中曽根は藤井に強硬な姿勢で労働組合に対峙することを要求。さらに、そうした強硬姿勢を取らない場合は国鉄が政府に求めていた運賃を値上げする法案を認めないと通告したのです。

政府と労組の板挟みにあった藤井は体調を崩して、昭和51（１９７６）年に総裁職を辞しました。後任総裁の高木《たかぎ》文雄《ふみお》は国鉄外部からの起用だったこともあり、労組に対する遠慮はありませんでした。そのため、政府の思惑通りに人員削減に取り組み、さらに50パーセント近い運賃の値上げにも踏み切りました。

また、国会承認が不要な寝台料金・特急料金・グリーン車料金なども軒並み50パーセント近くの値上げを断行。これが国鉄離れを起こします。

運賃を上げても、利用者が大幅に減少してしまえば売上も減ってしまいます。そのため、国鉄は翌年にも運賃や寝台料金を約10パーセント値上げしました。これにより、国鉄離れが加速していきます。

利用者の低迷を受けて、国鉄は昭和53（１９７８）年に「ゴオ・サン・トウ」と呼ばれる大規模なダイヤ改正を実施します。ゴオ・サン・トウでは輸送体系が見直されることになり、国鉄が発足してから初めてとなる減便のダイヤ改正になりました。

これまでの国鉄は、スピードアップによって列車の運転本数を増やすという取り組みを続けてきました。そのため、線路に与えるダメージは大きく、この頃から走行中に異常振動の報告が相次ぎました。

その対応策として、列車のスピードダウンを図ることになり、列車の運転本数も削減。少ない運転本数で多くの利用者を運ぶため、一部の列車からは食堂車がなくなりました。

そうした国鉄の取り組みは、サービスダウンと称されて利用者から不評を買います。ただでさえ、国鉄離れを起こしているところにサービスまでダウンさせてしまうのですから、もはや存亡の危機だったのです。

経営のスリム化への努力

昭和54（1979）年、大平正芳内閣が国鉄再建に向けた指針を発表。同指針では、1日の輸送密度が8000人未満の路線を国鉄から切り離して第3セクター鉄道もしくはバス路線に転換するかの選択を迫りました。

政府から選択を迫られた国鉄は、独自に国鉄再建基本構想案を練り上げます。国鉄が策定した再建案では、輸送密度が2000人未満の路線をバス転換する、国鉄職員43万人を5年間で35万人まで削減するといった内容が示されました。

同構想は政府の突きつけた案よりも緩い内容でしたが、政府は職員の削減に踏み込んだことを評価。国鉄が出した再建案を政府は丸飲みしました。こうして昭和55（１９８０）年に日本国有鉄道経営再建促進特別措置法（国鉄再建法）が成立します。しかし、累積赤字は6兆円を超えていたので、すでに国鉄は首が回らない状態でした。

国鉄再建の最大の切り札は、赤字ローカル線の廃止です。昭和56（１９８１）年には運輸大臣が１７５路線、総延長1万１６１・１キロメートルを特定地方交通線として承認しました。そのうち、バス転換が可能な40路線、約７２９・１キロメートルを第一次特定地方交通線としました。

第一次特定地方交通線は昭和58（１９８３）年を目標に廃止対象になった路線を指しますが、政府は矢継ぎ早に第二次特定地方交通線、第三次特定地方交通線を定めて赤字路線の廃止を促しました。

昭和58年、国鉄再建法の適用第1号になる北海道の白糠線がバスに転換されました。これを皮切りに全国でも赤字路線の整理が始まります。多くの自治体では地域住民の足を守ることを掲げて赤字の路線をバス転換していきました。しかし、なかには鉄道として残すことを模索する自治体もありました。

昭和59（１９８４）年には、国鉄の久慈《くじ》線・宮古線・盛《さかり》線を第3セクターへと転換した三陸鉄道が発足します。三陸鉄道は平成25（2013）年に放送されて話題を呼んだNHK連続テレビ小説「あまちゃん」の舞台になりました。作中では、東日本大震災で被災した三陸鉄道が復興を遂げて地域住民を勇気づけるアイコンとしても描かれています。

そんな三陸鉄道は発足時から厳しい経営が予想されていました。しかし、事前の予想を覆して黒字経営を実現します。これが特定地方交通線でも経営努力によって黒字化できると鉄道や自治体の関係者を奮起させることにつながりました。

以降、特定地方交通線はバス転換ではなく第3セクター鉄道に転換していくという流れが生まれます。

こうして赤字路線が廃止・バス転換・第3セクター化していくことで、国鉄という巨大組織はスリム化していきました。そうしたスリム化と同時進行で、政府は国鉄の解体を進めていきました。

JR誕生

鈴木善幸《すずきぜんこう》内閣が掲げた「増税なき財政再建」をミッションとする第二次臨時行政調査会が昭和56（1981）年に発足します。同調査会では、国鉄のほか日本専売公社と日本電信電話も民営化議論の俎上に上がりました。

日本専売公社は昭和24（１９４９）年に大蔵（財務）省の専売局を分離独立する形で、日本電信電話は昭和27（１９５２）年に郵政省の外郭団体として発足した歴史を有します。国鉄とともに、日本専売公社と日本電信電話は公共事業体として昭和という時代に役割を果たしてきました。

しかし、時代の流れから３事業体は硬直化。それぞれの業務独占の弊害が出てきたのです。それらを改め、民間企業との競争によって事業の効率化を図る目的から３事業体は民営化することが妥当と判断されたのです。

３事業体の中でも、国鉄職員の数が大きく、全国規模の組織だったこともあり、特に民営化議論が活発に交わされました。慢性的な赤字だった国鉄は、民営化によって経営の効率を高め、収支の改善を期待されたのです。

翌年に中曽根内閣が発足すると、３事業体の民営化は既定路線になります。中曽根首相はかねてから国鉄民営化論者でしたが、後年に国鉄を分割民営化した真の目的は経営効率の改善ではなく労組対策だったと明かしています。

昭和60（１９８５）年には、国鉄に先立って日本電信電話と専売公社が民営化されます。国鉄は巨大組織だったこともあり、民営化は一筋縄では進まず、昭和58（１９８３）年に立ち上げられた国鉄再建監理委員会によって、分割民営化するための具体的な検討が進められていました。そして、昭和61（１９８６）年に国鉄改革関連8法案が成立。国鉄の分割民営化が正式に決まったのです。

こうした一連の過程を経て、昭和62（１９８７）年3月末日で国鉄は終焉を迎えました。翌日から新生ＪＲグループが発足。国鉄という巨大組織は北海道・東日本・東海・西日本・四国・九州の旅客6社と貨物、それらに加えて鉄道情報システム株式会社と鉄道通信株式会社、財団法人鉄道総合技術研究所の10社へと再編されました。

また、それらとは別に新幹線施設を一括保有して東日本・東海・西日本の旅客3社へ貸し付ける新幹線鉄道保有機構と国鉄の組織自体が日本国有鉄道清算事業団へと改組しています。

国鉄の事業を受け継いで発足したＪＲは、国鉄とは大きく様変わりした組織になりました。その一例が、みどりの窓口の発売時間が拡大したことです。国鉄時代、みどりの窓口は10時00分から19時00分までしか開いていませんでした。この時間帯では退勤時間が遅いサラリーマンには利用しづらく不評だったのですが、ＪＲに切り替わると5時30分から23時00分まで拡大されたのです。

2　経営効率化の観点から進められた機械化・省力化

券売機ときっぷの進化は日進月歩

国鉄がＪＲへと改組したことでサービスが充実しましたが、そのほかにも大きな変化がありました。それが民間企業らしく事業を収支の観点から考える体質転換です。

ＪＲ各社は、これまで人力に頼っていた駅業務を自動化・機械化することで経営の効率化を図りました。特に出改札業務の自動化・機械化は目覚ましく、１００キロメートル以内の近距離きっぷの販売は、ほぼ自動券売機で完結できるようになりました。

こうした省力化・機械化は国鉄からＪＲになったことで花開きましたが、国鉄が省力化・機械化をまったく進めていなかったわけではありません。

例えば、国内初となる自動改札機は大正15（１９２６）年に登場しています。それはドイツから輸入されたコインバーと呼ばれる方式の入場券自動発行機で、利用者がコインを投入してハンドルを回すと、きっぷが出てくる仕組みの機械でした。

コインバーは昭和４（１９２９）年に東京駅にも導入されていますので、それなりに機械化による省力化にも貢献したことが窺えます。

コインバーの導入から、長らくは出改札の省力化・機械化に進展は見られません。再び省力化・機械化が進み始めるのは高度経済成長期に入ってからです。昭和31（1956）年、送り出し機能が電動化された自動券売機が登場。この機械の登場によって、正真正銘の自動券売機になりましたが、当初は単能式とよばれる購入できるきっぷが一種類という券売機でした。

ここから券売機は目覚ましく進化を遂げていきます。昭和40（1965）には、中央線の武蔵境駅と東海道本線・山陽本線の神戸駅に送り出し機能が電動化された自動券売機が設置されます。武蔵境駅に設置された券売機は4種類、神戸駅の券売機は7種類の金額を示すボタンがある多能式券売機でした。

同券売機には印字機能が付加されていなかったので、このときに設置された券売機はあらかじめ券面に文字や金額が印字されているきっぷを補充する仕組みになっていましたが、計算機能は付加されていたので釣り銭は出るようになっていました。

こうした試行錯誤を経て、昭和43（1968）年から主要駅に多能電動式券売機が拡大していきます。自動券売機が普及していく過程に入っても、自動券売機は進化を続けていきます。次に自動券売機が目指したのは印字機能の導入です。印字機能が備わることで、1台の券売機で扱えるきっぷの種類は飛躍的に増え、それは省力化が大幅に進みます。

当初の券売機に用いられたのはインク式の印字技術でしたが、これだとインクが乾く前に利用者がきっぷを手にすることになるので、印字が滲んでしまって駅員が読み取れなくなったり、購入者の手が汚れるといった欠点がありました。

インク式に改良を加えたジアゾ方式と呼ばれる湿式複写機を用いた自動券売機は昭和40年台半ばから登場しますが、ジアゾ式の自動券売機はランニングコストが高く、メンテナンスも煩雑な点が忌避されて思ったほど普及しませんでした。

ジアゾ方式の欠点を克服したキレート式が登場すると、自動券売機は一気に普及していきます。キレート式の欠点は、印字した文字が時間の経過とともに消えてしまうことでした。そうした課題を克服する工夫として、今度は電子式と呼ばれる印字技術を盛り込んだ自動券売機が考案されます。さらに現在は、サーマル式と呼ばれる感熱紙を用いた印字方式へと進化を遂げています。

鉄道事業者にとって印字技術の進化はきっぷ販売の省力化につながりますが、他方で印字が消えにくいという特徴からきっぷ収集という鉄道趣味の裾野を広げることにも一役買いました。

印字技術が進化を続ける中、鉄道事業者を悩ませたのが経済発展による物価の上昇です。それまでの自動券売機は硬貨を投入する方式でしたが、物価が上がるのに連動して運賃も上昇。それに伴って自動券売機でも紙幣を扱う必要に迫られたのです。

こうして昭和53（1978）年には紙幣が使用でき、1000円札をお釣りに使用する機能が実装された自動券売機が誕生します。

ここまでは現金できっぷを買うことを前提にした自動券売機でしたが、昭和60（1985）年にはプリペードカードの嚆矢ともいえる「オレンジカード」が発売されました。オレンジカードは前払いで運賃などを積み立てる方式のプリペードカードです。乗車のたびに券売機にお金を投入する必要はありませんが、券売機にオレンジカードを挿入してきっぷを買うというスタイルだったため、利用者にとっては面倒が残りました。

平成3（1991）年には、この欠点を補う「イオカード」が登場します。イオカードは自動改札をそのまま通ることができるため、いちいち券売機できっぷを購入する手間がなくなりました。イオカードは、JRにとっても券売機の設置台数を減らすことができるというメリットを生みました。

そして、イオカードを進化させたのが、IC乗車券です。なかでもIC乗車券を世間に認知させたのがJR東日本の「Suica（スイカ）」でした。平成13（2001）年にJR東日本が導入したSuicaは、ソニーが開発した「FeliCa（フェリカ）」と呼ばれる非接触ICカードの通信技術が使われています。

ソニーの創業者である井深大《いぶかまさる》は、国鉄の技術開発部門を引き継いで昭和62（１９８７）年に発足した鉄道総合技術研究所の初代会長を務めました。そうした縁からもわかるように、ＪＲ（国鉄）とソニーは古くから技術開発で協力する間柄でした。

FeliCaなくしてSuicaの誕生はあり得ませんが、Suicaの普及によって鉄道のみならず各業界でもFeliCa機能を搭載したカードの発行が相次ぎます。

Suicaは鉄道の乗降だけに使えるＩＣ乗車券という枠組みを超え、電子マネーで買い物ができるという機能を付帯し、現金のみならずクレジットカードでチャージできるといった機能の充実も利用者を拡大させる要因になりました。

カード型をしていたSuicaはその後も進化を遂げて、今では誰もが持つスマートフォンに搭載されるようになりました。そして、鉄道はスマホで乗るスタイルへと変わっていきます。

改札機が導くキャッシュレス化

紙のきっぷからＩＣ乗車券、そしてスマホ内蔵というように、時代を経て乗車券の形は変わりました。

きっぷや券売機の進化は、同時に改札機の進化でもあります。いくらきっぷや券売機が進化しても、それを読み取る改札機が進化しなければ意味がないからです。

国内で初めて自動改札機が登場するのは、昭和41（1966）年です。立石電機（現・オムロン）が製造した自動改札機が近鉄の阿部野橋駅に設置されました。同改札機は穿孔《せんこう》式と呼ばれる孔を開けた乗車券から光学式装置で券面の情報を読み取るシステムでした。

この自動改札機は実用化には至らず、昭和42（1967）年に京阪神急行電鉄（現・阪急電鉄）の北千里駅に設置された自動改札機が実用化第1号になりました。

昭和44（1969）年、近鉄は自動改札の読み取り装置を改良して再挑戦します。今度はきっぷの裏面に磁気で情報を書き込む磁気券による方式を採用。これが自動改札を革命的に普及させます。

私鉄は改札機の開発に力を入れる一方、国鉄は自動改札機の開発・導入で遅れを取ります。昭和45（1970）年に、ようやく穿孔式の自動改札を導入し、それを改良した磁気式の自動改札機を昭和47（1972）年に千葉県の柏駅で試験的に設置しました。そして、翌年に部分開業する武蔵野線で実用化に漕ぎ着けています。

その後も国鉄は自動改札機を普及させるスピードは遅かったのですが、民営化後のＪＲ東日本は方針を転換して自動改札の普及を一気に進めました。そして、それがSuicaの開発・誕生へとつながっていくのです。

日本は諸外国に加えてキャッシュレス化が進んでいないと言われますが、鉄道に限ればキャッシュレス化は格段に進んでいます。現在、クレジットカードをそのまま改札機にタッチして乗車するタッチ決済乗車も拡大しています。さらに顔面認証機能の改札機も試行段階にあり、きっぷを買って鉄道に乗るという光景は過去のものになっています。

3　都市の拡大から都心回帰まで　タワマンと鉄道の関係

京葉線通勤快速廃止の衝撃

令和２（２０２０）年に感染拡大した新型コロナウイルスは、私たちのライフスタイルを一変させました。

それまで自宅から会社へと通勤するという当たり前の生活スタイルは改められ、自宅で仕事をこなすリモートワークが普及。それに伴って、朝夕の通勤ラッシュは消失していきました。

通勤ラッシュがなくなることは、満員電車に揺られる苦しい思いをしている利用者にとって朗報です。しかし、鉄道会社にとっては利用者減につながり、好ましい話ではありません。

そうしたコロナ禍にくわえ、鉄道各社の今後を脅かすのが人口減少という社会問題です。鉄道会社は、なによりも人を多く運ぶことで鉄道事業を拡大し、それを源泉として商業施設の運営や住宅地の開発といった沿線でのビジネス展開を発展させてきました。

そうしたビジネスモデルは人口増を前提に成り立っています。しかし、人口減少とコロナ禍による利用者減は鉄道会社のビジネスモデルを根底から崩壊させたのです。鉄道会社は崩れた将来図を再検討して、方針転換を余儀なくされました。

そして、列車の運行体系を合理化して鉄道運行にかかる経費を縮減する方針へと切り替えていきます。それを象徴する出来事が、京葉線の通勤快速を全廃するというダイヤ改正でした。

ＪＲ東日本千葉支社は令和５（２０２３）年12月に翌春のダイヤ改正を発表。そこには京葉線と内房線・外房線で直通運転していた通勤快速を全廃する内容が含まれました。また、同時に快速もデータイムのみの運転になることが盛り込まれていました。これが大きな波紋を呼び、テレビ・新聞・ネットなど各種メディアが盛んに取り上げたのです。

京葉線は東京駅─蘇我駅間を結ぶ約43・０キロメートルの路線です。そのほか、市川塩浜駅─西船橋駅間の約５・９キロメートル、同じく西船橋駅─南船橋駅間の約５・４キロメートルの支線を有します。

京葉線の通勤快速は東京駅―蘇我駅間を走っていましたが、東京方面へと走る朝の通勤快速は蘇我駅を出発すると、次は新木場駅に停車します。駅前に幕張《まくはり》新都心が広がる海浜《かいひん》幕張駅や平成10年代からタワマンが増えていた新浦安駅、ディズニーリゾートの玄関駅となっている舞浜駅には停車しません。これら3駅は京葉線内では需要が高いのですが、これらを通過する通勤快速は利用者にとって不便だったのです。

快速が後押しする通勤圏の拡大

従来、多くの駅を通過する速達列車は特急や急行の役割でした。快速は特急料金や急行料金を必要とせず、運賃のみで乗車できます。なぜＪＲは運賃だけで乗車できる快速列車を走らせていたのでしょうか？

その理由は、昭和62（１９８７）年に国鉄が分割民営化したことと無縁ではありません。ＪＲの前身だった国鉄は、慢性的な赤字に陥っていました。その赤字体質を改善するために、民間企業のＪＲへと改組したわけですが、大都市圏を抱えるＪＲ東日本・東海・西日本3社は収入を増やす取り組みとして、通勤圏の拡大に力を入れたのです。なぜなら、通勤圏を拡大させれば鉄道需要が増大するからです。

こうしてＪＲ各社は通勤圏を拡大するべく、運賃のみで乗車できる快速列車を増やしていきます。同じ距離を走っても、快速は各駅停車よりも停車駅が少ないので所要時間が短く済みます。つまり、快速を走らせれば、遠方からの通勤が可能になります。

ＪＲは単なる快速ではなく新快速・特別快速・通勤快速といった具合に、さまざまな種類の快速を運行しました。

京葉線は東京湾の東側に形成された京葉臨海工業地帯の物資を輸送する貨物線として構想されました。線路が東京方面へ延びていくと、沿線が少しずつ宅地化されていきます。そうした旅客需要が増えたことを契機に、京葉線は昭和61（１９８６）年に一部の区間で旅客運転を開始します。これが歳月とともに区間を延長して、平成２（１９９０）年に東京駅までが旅客化されたのです。

東京駅―蘇我駅間の京葉線が全通したのと同時に、朝夕に運行される通勤快速が誕生。通勤快速は誕生した当初から内房線《うちぼう》・外房線《そとぼう》とも直通するダイヤが組まれていました。

平成2年は厳密にはバブル景気が崩壊した直後にあたりますが、当時の日本はまだバブルの余韻を引きずっていました。そのため、東京近郊の不動産価格は高止まりしたままで、一般のサラリーマンが東京23区内にマイホームを構えることは非現実的だったのです。

このタイミングで登場した京葉線の通勤快速は、内房線・外房線を東京のベッドタウン化させる大きな力を持っていました。内房線・外房線から東京駅まで通勤するのは大変ですが、当時は一戸建てというマイホーム神話は根強く、一般のサラリーマン世帯でも内房線・外房線なら一戸建てが買える価格だったのです。つまり、京葉線の通勤快速はマイホームを持ちたいという庶民の夢を後押しする列車でした。

こうした庶民の夢を叶えてくれるような京葉線の通勤快速は、マイホームを持ちたいと考える庶民に支持されます。また、ベッドタウン化によって人口増を期待した内房線・外房線の沿線自治体も京葉線の通勤快速は歓迎されました。

京葉線を運行するＪＲ東日本も京葉線に力を入れていきます。平成7（１９９５）年には、葛西臨海公園駅と海浜幕張駅の2駅に追越設備を新設。この追越設備を新設したことによって、デ一タイムに運行される快速の所要時間を2分、通勤快速は7分も短縮しました。さらに朝の時間帯に内房線・外房線から京葉線へと直通する通勤快速を１本増発しています。

追越設備の新設は、翌年にも夜間帯に快速を2本増発するという効果を発揮。平成16（２００４）年には外房線から京葉線へと直通する快速を朝に１本増発。平成18（２００６）年にも快速を増発しています。

ＪＲにとっても遠方の利用者は運賃をたくさん払ってくれる上客です。そうした長距離通勤者たちに支えられて、運賃収入を増やしていきます。

こうした通勤圏の拡大は、京葉線だけに起こった現象ではありません。東京圏では東海道本線・東北本線（宇都宮線）・高崎線でも快速・通勤快速による通勤圏の拡大が図られています。

こうした経緯を見ると、ＪＲ東日本が取り組んでいた通勤圏の拡大戦略は千葉県のみならず、神奈川県や埼玉県、茨城県、果ては群馬県・栃木県・山梨県・静岡県にも及んでいました。

しかし、東海道本線・東北本線・高崎線の通勤快速は令和３（２０２１）年３月のダイヤ改正で廃止。東海道本線・東北本線・高崎線の通勤快速の廃止は、沿線自治体からの強い反発もなく、世間から注目を集めることはありませんでした。

ＪＲ東日本千葉支社は以前から京葉線を走る通勤快速の運行本数を段階的に減らしていました。通勤快速の運転本数が減っても、特に沿線自治体や利用者から反発は出ていません。そうした事情を踏まえて、通勤快速の全廃に踏み切ったのです。

通勤快速が全廃されると、内房線・外房線の利用者はそれまでより通勤時間が20分ほど増えます。20分早く家を出れば済むという話ではありません。子供を保育園へと預けてから通勤していた親にとって、20分早く家を出ても保育園が開いていません。保育園に子供を預けられなければ、東京へと通勤するというライフスタイルは成り立たないのです。

タワマンが招く鉄道利用者急増の弊害

京葉線の通勤快速は通勤圏の拡大に寄与し、それはJR東日本の収益拡大にも結びつきました。それにも関わらず、なぜJR東日本千葉支社は京葉線の通勤快速を全廃させたのでしょうか？

JR東日本千葉支社は、京葉線の通勤快速全廃と朝夕の快速廃止の理由に「通勤快速を各駅停車へと置き換えることで、列車の利用者を平準化させること」「各駅停車の運転本数を増やすことで、快速が停車しない駅の利便性を高めること」「通勤快速や朝夕の快速がなくなることで通過待ちがなくなり、各駅停車の所要時間が短縮できる」の3点を挙げています。

JR東日本千葉支社が挙げた3点のうち、もっとも注目された理由が1番目の「利用者を平準化させる」でした。

京葉線は貨物専用線として計画されたという歴史があります。旅客運転を開始した直後は、沿線に倉庫や工場が多く点在していました。住宅が少ないこともあり、京葉線の区間だけでは通勤需要の拡大が難しいという事情がありました。そのため、直通運転をしている内房線や外房線で通勤需要を増やす必要がありました。

しかし、平成17（2005）年頃から都心回帰が鮮明になり、東京近郊にタワーマンション（タワマン）が増え始めていったのです。タワマンの隆盛は神奈川県川崎市から始まります。川崎市は臨海部に大規模な工場が多く操業していましたが、これらの工場は平成期に地方へと移転していきました。

その広大な跡地にタワマンが次々と建てられていきます。そうしたタワマンの影響で川崎市、特に武蔵小杉《むさしこすぎ》駅の周辺は局地的に人口を激増させたのです。

武蔵小杉駅近隣タワマン住民は朝のラッシュ時に一斉に駅へと向かいます。そのタワマン住民が東京方面へと向かう電車に乗ろうとして長蛇の列をつくることが日常茶飯事になりました。駅混雑は日に日に激化し、危険水域に達していたのです。

武蔵小杉駅の混雑は放置することができません。事故が起きれば、鉄道事業者であるJRの運行にも支障をきたし、電車の遅延は社会を混乱させることにもなるからです。

武蔵小杉駅の混雑問題は行政が対処に乗り出す事態へと発展しました。そして、同じようにタワマンが引き起こす局地的な人口増による混雑の問題が京葉線の沿線でも起きてしまうのです。

京葉線の沿線で人口増が顕著だったのは新浦安駅ですが、駅前にららぽーとをはじめとする商業施設が立ち並ぶ南船橋駅も発展。そのほかの駅でも、タワマンが建ち始めていきます。そのタワマンの波は、年を経るごとに東京へと寄っていきました。都心寄りに通勤・通学需要が増えたことで、ＪＲはわざわざ内房線・外房線といった遠方に電車を走らせる必要はなくなりました。遠方に電車を走らせることは非効率なのです。

規模にもよりますが、タワマンは一棟が完成すると人口は５００から１０００人単位で増えます。タワマンが2〜3棟できるだけで街の人口は急増し、駅の利用者数も激変してしまいます。タワマンは駅を加速度的に混雑させる、鉄道会社にとって厄介な存在なのです。

鉄道会社も、タワマンが完成するたびにダイヤを改正して停車駅を変更するわけにはいきません。そんなことをすれば鉄道員は混乱しますし、なにより利用者に多大な不便を強いることになるからです。

京葉線は沿線全体で、タワマンが増える傾向を示しています。その先手を打って、ＪＲ東日本千葉支社は京葉線の通勤快速を全廃するとともに朝夕の快速の廃止という措置を講じたのだろうと推測できます。

そのほか、京葉線には武蔵野線の列車が走ってくることもダイヤ上の支障になっていました。武蔵野線も近年は沿線のベッドタウン化が著しく進み、東京駅へと通勤する需要は大きく増加しています。

京葉線の黎明期において、通勤快速は遠方の通勤需要を掘り起こして沿線全体を盛り上げる立役者でした。その役割は時代とともに希薄化していき、人口減少が鮮明になった令和になって役割を終えることになったのです。

そうした思惑からＪＲ東日本千葉支社が通勤快速の全廃および朝夕の快速廃止というダイヤ改正を断行しました。しかし、予想以上に沿線自治体から強い反発を招きました。千葉県や千葉市は、通勤快速の廃止を撤回することを含めてダイヤ改正を見直すようにＪＲ東日本へ直訴しています。

そうした自治体の要請は実らず、通勤快速は廃止されました。それでも、千葉市が直訴した効果は多少あり、朝２本の快速はダイヤ改正の発表後に異例の「復活」を遂げています。

ＪＲ東日本千葉支社はダイヤ改正から約半年後の９月に、さらに快速の運転本数を増やすダイヤ改正を実施。これは千葉市の意見を受け入れた見直しでした。

通常、ダイヤ改正という鉄道イベントは鉄道ファンしか興味を抱かない話題です。ところが京葉線のダイヤ改正は沿線住民や自治体など、社会の大きな関心事になりました。

普段、気づくことは少ないのですが、鉄道ダイヤは生活に直結する話であり、その改正はライフスタイルを一変させる力があり、鉄道と社会が密接に関係していることを明らかにしました。

参考文献一覧

『鉄道博物館２０１８秋企画展　貨物ステーション　カモツのヒ・ミ・ツ』鉄道博物館
『全線運転再開記念　常磐線展』鉄道博物館
『鉄道開業１５０年記念企画展　鉄道が作った日本の旅１５０年』鉄道博物館
『大機関車展　日本の鉄道を引っ張った勇者たち』鉄道博物館
『第26回企画展　日本の観光黎明期　山へ！海へ！鉄道で』旧新橋停車場鉄道歴史展示室　公益財団法人東日本鉄道文化財団
『第34回企画展　世界文化遺産登録1周年記念　富士山と鉄道』旧新橋停車場鉄道歴史展示室　公益財団法人東日本鉄道文化財団
『第2回企画展　高速化への挑戦～在来線の技術が生んだ夢の超特急～』リニア・鉄道館
『第4回企画展　東海道新幹線の誕生～東海道における難所を克服する～』リニア・鉄道館
『第7回企画展　増補改訂版　東海道新幹線の誕生～0系新幹線電車の開発から改良まで～』リニア・鉄道館
『第11回企画展　東海道新幹線の進化～３００系新幹線電車のデビューと果たした役割～』リニア・鉄道館
『東京オリンピックと新幹線』青幻舎　東京都江戸東京博物館　行吉正一　米山淳一編著
『明治・大正・昭和の鉄道貨物輸送と小運送』物流博物館
『創業１５０周年記念特別展　運ぶのりものでたどる１５０年のあゆみ』物流博物館

『ディズカバー、ディズカバー・ジャパン「遠く」へ行きたい』東京ステーションギャラリー
『温泉大国ぐんま』群馬県立歴史博物館
『「住まい」の構想　収蔵資料が物語る名作住宅１９４０―１９７５』国立近現代建築資料館
『三池炭鉱の歴史と技術～大牟田市石炭産業科学館ガイドブック～』大牟田市石炭産業科学館　ＮＰＯ法人大牟田・荒尾炭鉱まちファンクラブ
『近代日本の郊外住宅地』鹿島出版会　片木篤＋藤谷陽悦＋角野幸博
『郊外住宅地の系譜』鹿島出版会　山口廣編
『私鉄郊外の誕生』柏書房　片木篤編
『図説　日本の鉄道クロニクル３　満鉄・大陸横断鉄道の夢』講談社
『図説　日本の鉄道クロニクル４　戦争と鉄道』講談社
『図説　日本の鉄道クロニクル５　高度成長時代の鉄道』講談社
『図説　日本の鉄道クロニクル６　新幹線誕生』講談社
『図説　日本の鉄道クロニクル７　鉄道黄金時代』講談社
『図説　日本の鉄道クロニクル８　国鉄分割・民営化』講談社
『図説　日本の鉄道クロニクル９　ＪＲ誕生と青函トンネルの開通』講談社
『未完の東京計画』ちくまライブラリー　石田頼房編
『築地市場』朝日新聞出版　福地享子＋築地魚市場銀鱗会
『おばちゃんたちの野菜行商　カゴを背負って東京へ』千葉県博図公連携事業実行委員会　小林裕美

『日本の近代・現代を支えた建築―建築技術100選―』一般財団法人日本建築センター・公益財団法人建築技術教育普及センター　日本の近代・現代を支えた建築―建築技術100選―委員会
『超絶記録！　西山夘三のすまい採集帖』ＬＩＸＩＬギャラリー編集委員会　ＬＩＸＩＬ出版
『昭和を走った列車物語』ＪＴＢキャンブックス　浅野明彦
『東海道新幹線50年の軌跡』ＪＴＢキャンブックス　須田寛・福原俊一
『幻の国鉄車両』ＪＴＢキャンブックス　石井幸孝・岡田誠一・小野田滋・齋藤晃・沢柳健一・杉田肇・高木宏之・寺田貞夫・福原俊一・星晃
『国鉄・ＪＲ　悲運の車両たち　名車になりきれなかった車両列伝』ＪＴＢキャンブックス　寺本光照
『旅行ノススメ』中公新書　白幡洋三郎
『復興計画』中公新書　越澤明
『いえ・団地・まち　公団住宅設計計画史』住まいの図書館出版局　木下庸子　植田実編著
『人物と事件でつづる　私鉄百年史』鉄道図書刊行会　和久田康雄
『宇都宮美術館開館20周年・宇都宮市制１２０周年記念　石の街うつのみや　大谷石をめぐる近代建築と地域文化』宇都宮美術館
『大谷石文化への誘い』随想舎　宇都宮市大谷石文化推進協議会編
『駅のはなし－明治から平成まで－』成山堂書店交通ブックス　交建設計・駅研グループ
『列車ダイヤと運行管理』成山堂書店交通ブックス　列車ダイヤ研究会編著
『電車のはなし－誕生から最新技術まで－』成山堂書店交通ブックス　宮田道一　守谷之男

『軍都千葉と千葉空襲―軍と歩んだまち・戦時下のひとびと』千葉市立郷土博物館
『高度成長期の千葉』千葉市立郷土博物館
『図説　占領下の東京』河出書房新社　佐藤洋一
『別冊一億人の昭和史　昭和鉄道史』毎日新聞社
『「駅の子」の闘い　戦争孤児たちの埋もれてきた戦後史』幻冬舎新書　中村光博
『ヤミ市　幻のガイドブック』ちくま新書　松平誠
『〈モータウン〉のデザイン』名古屋大学出版会　堀田典裕
『新幹線と日本の半世紀』交通新聞社新書　近藤正高
『国鉄スワローズ１９５０―１９６４』交通新聞社新書　堤哲
『正力ドーム vs.ＮＨＫタワー―幻の巨大建築抗争史―』新潮選書　大澤昭彦
『鉄道と観光の近現代史』河出ブックス　老川慶喜
『【新版】図説・近代日本住宅史』鹿島出版会　内田青蔵＋大川三雄＋藤谷陽悦編著
『「図説」国鉄全史』学習研究社
『「図説」新幹線全史』学習研究社
『「図説」私鉄全史』学習研究社

そのほか、官報、公報、社史、新聞、パンフレット、ポスター、博物館・資料館展示、ＷＥＢサイトなど、多くの資料を参考にさせていただきました。

＜著者略歴＞
小川裕夫（おがわ・ひろお）
1977年、静岡市生まれ。行政誌編集者を経てフリーランスライター。取材テーマは地方自治、都市計画、内務省、総務省、鉄道。著書に『踏切天国』（秀和システム）、『都電跡を歩く』（祥伝社）、『封印された鉄道史』『封印された東京の謎』『封印された鉄道秘史』（以上、彩図社）、『路面電車の謎』『鉄道裏歴史読本』『ライバル駅格差』『私鉄特急の謎』（以上、イースト・プレス）、『東京王』（ぶんか社）、『渋沢栄一と鉄道』（天夢人）、編著に『日本全国路面電車の旅』（平凡社）、監修に『都電が走っていた懐かしの東京』（PHP研究所）がある。

鉄道がつなぐ昭和100年史

2025年1月14日　　第1刷発行

著　者　小川裕夫
発行者　唐津 隆
発行所　株式会社ビジネス社
〒162-0805　東京都新宿区矢来町114番地 神楽坂高橋ビル5F
電話　03(5227)1602　FAX　03(5227)1603
https://www.business-sha.co.jp

〈装幀〉テニヲハ組版室
〈カバー写真〉カズキヒロ
〈本文組版〉株式会社三協美術
〈印刷・製本〉中央精版印刷株式会社
〈営業担当〉山口健志
〈編集担当〉中澤直樹

ISBN978-4-8284-2691-4